艺术 体育
高校学术研究论著丛刊

多学科理论下学校体育课程体系的建设与发展研究

王燕 著

中国书籍出版社
China Book Press

图书在版编目(CIP)数据

多学科理论下学校体育课程体系的建设与发展研究 /
王燕著. —北京 : 中国书籍出版社,2019.3
ISBN 978-7-5068-7255-3

Ⅰ.①多… Ⅱ.①王… Ⅲ.①学校体育－课程体系－
课程建设－研究②学校体育－课程体系－发展－研究
Ⅳ.①G807.01

中国版本图书馆 CIP 数据核字(2019)第 057248 号

多学科理论下学校体育课程体系的建设与发展研究

王　燕　著

丛书策划	谭　鹏　武　斌
责任编辑	成晓春
责任印制	孙马飞　马　芝
封面设计	东方美迪
出版发行	中国书籍出版社
地　　址	北京市丰台区三路居路 97 号(邮编:100073)
电　　话	(010)52257143(总编室)　(010)52257140(发行部)
电子邮箱	eo@chinabp.com.cn
经　　销	全国新华书店
印　　刷	三河市铭浩彩色印装有限公司
开　　本	710 毫米×1000 毫米　1/16
印　　张	16.5
字　　数	214 千字
版　　次	2019 年 9 月第 1 版　2019 年 9 月第 1 次印刷
书　　号	ISBN 978-7-5068-7255-3
定　　价	79.00 元

版权所有　翻印必究

目 录

第一章 学校体育与体育课程教学相关理论 … 1
- 第一节 学校体育的产生与发展 … 1
- 第二节 学校体育的功能与目标 … 9
- 第三节 体育课程教学的性质与特点 … 20
- 第四节 体育课程教学的结构与规律 … 23
- 第五节 体育课程教学的原理与原则 … 26

第二章 学校体育课程研究的多学科理论基础 … 32
- 第一节 哲学基础 … 32
- 第二节 生理学基础 … 37
- 第三节 心理学基础 … 42
- 第四节 社会学基础 … 47
- 第五节 教育学基础 … 52
- 第六节 课程论与系统论基础 … 54

第三章 学校体育教学目标体系的构建研究 … 59
- 第一节 体育教学目标概述 … 59
- 第二节 各层次体育教学目标的制订 … 78
- 第三节 体育教学目标体系的构建 … 83

第四章 学校体育课程组织与实施体系的建设与发展研究 … 87
- 第一节 体育教学内容资源的挖掘与选择 … 87
- 第二节 体育教学手段与方法的利用 … 98
- 第三节 体育教学模式的选用 … 106
- 第四节 体育教学设计及其优化 … 114

第五章 学校体育课程教学评价体系的建设研究 … 122
- 第一节 体育教学评价概述 … 122
- 第二节 体育教师教学评价 … 134

第三节　学生学习评价 …………………………………… 138
　　第四节　体育教学评价体系的建设对策 ………………… 142

第六章　学校体育课程教学安全管理体系的建设研究 …… 148
　　第一节　学校体育安全教育体系的建设 ………………… 148
　　第二节　体育教学中的疲劳与恢复 ……………………… 156
　　第三节　体育教学中的营养补充 ………………………… 162
　　第四节　体育教学中的损伤康复 ………………………… 169
　　第五节　体育教学中学生体质健康监控与管理 ………… 173

第七章　学校体育教学管理体系的建设研究 ……………… 194
　　第一节　体育教学活动的管理 …………………………… 194
　　第二节　体育教学人力资源的管理 ……………………… 202
　　第三节　体育教学物力资源的管理 ……………………… 208
　　第四节　体育教学财力资源的管理 ……………………… 221

第八章　素质教育改革下学校体育教学创新体系的建设研究 … 226
　　第一节　体育信息化教学 ………………………………… 226
　　第二节　微格教学在体育教学中的应用 ………………… 234
　　第三节　微课教学在体育教学中的应用 ………………… 245

参考文献 ……………………………………………………… 252

第一章　学校体育与体育课程教学相关理论

学校体育肩负着体育事业与教育事业的双重使命，其既是我国迈向体育强国的重要基石，又是推行素质教育的重要手段。新时代，学校体育在竞技运动、全民健身以及素质教育中都占有重要的地位，发挥着不可替代的作用，对促进学生全面发展具有重要的现实意义。体育课程教学是学校体育工作的主要形式之一，开展体育课程教学是发挥学校体育作用和实现学校体育目标的重要路径。本章主要就学校体育与体育课程教学的相关理论展开分析与阐述，从而对学校体育及体育教学基本理论形成初步了解，为之后的研究奠定基础与前提。

第一节　学校体育的产生与发展

一、学校体育的产生

历史的进步体现在方方面面，人类文化的进步便是其中一个非常重要的体现，而体育作为文化的一个组成部分，在不断进步的人类文化的影响下，其同样也在走向辉煌。我国是文明古国，享誉世界，有着悠久的发展历史和优秀丰富、底蕴深厚的文化资源。随着中华民族文化的不断传承、发展以及大范围的对外传播，体育作为人类运动文化史中最有代表性、最辉煌的成果逐渐产生，且随着后世的发展，成为我国优秀且宝贵的文化遗产。

体育是社会文化的主要内容之一，体育的产生在很大程度上反映了社会文明与进步。在体育这一特殊的社会文化还未产生之前，世界各地文化相对封闭，只在各自的区域范围内传承与发展，而体育的产生对不同地区间文化的交流与传播起到了极大的促进作用。从不同的文化价值观和规范方面来看，起源于不同区域的体育文化总是存在着显著的不同。

（一）中国古老文明孕育了世界上最古老的体育

在我国古老的教育体系中，有关学校体育的内容就已存在，据相关历史资料记载，我国在夏代时期就有了学校，只是当时还不称为学校，而是称作"校""序""庠"等，不同时期出现了一些不同的名称。"大学"和"庠"两级施教的学校教育在商代开始出现。西周时，"国学"和"乡学"作为学校的两种类型共同存在，这反映了"学校"有了新的发展。这两种类型的学校的共同点是都对统治者和官吏进行培养，都以奴隶主贵族子弟为主要教育对象。当时，文化知识和书籍文献通通被官府所垄断，"学在官府"的局面就是在这一特殊的历史背景下形成的。古代学校教育以礼、乐、射、御、书、数(统称"六艺")为主要教学内容。这些内容中有些是现代体育的教学内容，如"射""御"和"乐"。当时的贵族子弟纷纷学习驾车(战车)、射箭，不仅是风气使然，也是为了实现自身社会角色。

从我国军事体育的发展史来看，我国在冷兵器时代军队中广为流传的一些训练项目具有体育和军事的双重属性，即既是军事训练手段，又是体育教育内容，其中，以甲士训练最为典型。在古代军事领域，体育作为一种有效的军事训练手段备受重视。西汉时期，戍边军队中鼓励将士练习摔跤，这不只是为了休闲娱乐、打发枯燥的军旅生活，更重要的是为了御寒、提高与保持战斗力。在汉代军事训练中，蹴鞠作为主要的军事训练手段之一广受士兵喜爱，而在唐代，马球则在军事训练中占重要地位内容。

（二）古代欧洲的体育文明

在古代欧洲的体育文明中，城邦教育体系由众多教育元素组成，而学校体育在其中占据重要的地位，发挥着举足轻重的作用。古希腊体育是近现代欧洲体育的源头。世界上有很多文献中都提到了古希腊人的体育竞技活动，也相应记载了一些有关体育活动的术语，诸如 athletics(竞技)、gymnastics(体操)、training(训练)等。古希腊人习惯用 gymnastics(体操)一词来概括所有的健身运动及其方法。在《对话篇》中，柏拉图用"身体训练的理论和方法体系"来解释体操。当时设有跑、跳、投、拳术、角力等设施的运动场所被称为"体操馆"。可见,古希腊的"体操"类似于现代的"体育"。体育教育在古希腊斯巴达教育体系中占有重要的地位;在雅典教育中,"五项竞技"作为举足轻重的组成部分和教育内容,其地位非常稳固。

欧洲中世纪时期,在封建专制势力的控制下,竞争得不到保护,人们思想禁锢,骑士制度更是成为欧洲体育发展历史上的一大特征。中世纪,骑士阶层广受欢迎和尊敬,为了将农夫培养成骑士,体育这一培养手段受到了重用,农夫要经过非常严格的身体训练才能成为合格的骑士。骑士教育的核心是包括骑马、刺剑、游泳、投矛、狩猎、弈棋、吟诗等在内的"骑士七技"。骑士们身披盔甲,骑着骏马,手持兵器,勇猛杀敌,以自己强大的勇气、斗志和能力来捍卫自己的荣誉。

以上两种古代体育文明的产生都与教育有千丝万缕的联系。西周时期,贵族子弟教育与"六艺"的产生有关,通过"六艺"教育来对未来的统治者进行培养。而古希腊时期体育技能教育与训练也相对完备,且在城邦教育体系中占有重要地位。二者的区别在于,我国西周时期的"六艺"教育以贵族子弟为主要教育对象,而古希腊的城邦教育则是针对城邦内所有男性而展开的。

在我国与欧洲的古代教育中,学校体育教育都是不可忽视的一个内容,而且与军事领域的联系都很密切。可以说,古代的体育教育是为军事和社会安全而服务的,这体现了二者的相似之处。

综上,古代学校体育最初是让人们对军事技艺进行学习与掌握,从而更好地投入军事训练中。不同地域的学校体育,同一地域不同历史时期的学校体育都会有差异,具体表现在学校体育教育内容、形式等方面。

二、学校体育的发展简史

亚历山大帝国建立后,希腊文化广泛传播,东西方文化之间形成了密切的交流与互动关系,在这一历史背景下,世界文明中心逐渐发生变化和迁移，而欧亚大陆和两河流域的城市是主要迁移方向。希腊化时期，希腊"完全的独立性"已不复存在，而且文化教育方面的变化非常显著，体现在学校体育教育中，就是以锻炼学生身体、提升学生体质健康水平为主要任务，改变了学校体育为军事战争而服务的传统局面。

宗教神学思想在中世纪统治着整个西方社会，学校也未能免于被控制，教会对学校的控制非常严格。宗教神学主张"灵肉分家""肉体是灵魂的监狱"，因此体育教育在教会学校并不受重视。

14世纪，文艺复兴运动兴起，人文主义教育观被广泛宣传与弘扬，学校体育在社会上重新受到关注。而在宗教改革中，新旧两派对"文化知识与身体并重的教育"的实施都很推崇与支持，希望以此来获得民众的支持与认可，学校体育因此而被重视起来，且获得了一定的发展。捷克教育家夸美纽斯被誉为"近代学校体育之父"，他提出了著名的教育原则——"适应自然"。该原则的提出为近代西方教育理论和学校教育的初步发展奠定了非常重要的基础。此后，自然科学和社会科学随着生产力的发展都有了显著的进步，学校体育的重要性和重要意义得到了越来越多思想家、哲学家以及教育家的认可，体育锻炼人口数量明显增加。

18世纪，近代体育理论逐渐形成，在此基础上，体育实践在一些国家受到了积极的推行，学校体育体制也逐渐得到了确立。例如，德国教育家巴泽多创办"博爱学院"，将体育作为学校教育内容之一；在瑞典，体育课在中学阶段的教育中得到开展；丹麦中等学校在学校课程体系中正式加入体育这一内容等。此外，其他国家也纷纷将与本国国情和学校体育教学发展特征、趋势相适应的学校体育体制建立起来。

20世纪以来，世界各国在立足本国发展实际的实际上对学校体育进行了不同层面、不同程度的改革与创新，学校体育理论越来越丰富、完善。其中，比较有代表性的是美国学者托马斯·伍德和赫塞林顿提出的"新体育"学说；奥地利教育家高尔霍菲尔设计的与学生需要更加相适应的体育实践形式。随着体育教育理论的丰富与完善，学校体育教育的地位得到了一定的巩固与提升,学校体育取得了良好的发展成果。

21世纪,新技术的发展在各国都非常受重视,在这一背景下,学校体育的发展呈现出了如下新特征:

(1)学校体育中逐渐融入终身体育教育和休闲体育教育,并给予了一定程度的重视。

(2)学校体育的内容越来越多元、丰富,竞技性体育、表演性体育、娱乐性体育等不同类型的体育内容吸引了学校师生群体中不同体育爱好者的喜爱。

(3)学校体育教育的形式和方法不再单一,尤其是以电化教学为代表的新教学手段的运用将学生自主学习的积极性充分调动起来,提高了教学效率。

(4)学校体育教学评价、教学管理越来越科学、规范、严谨。

总的来说,在新的历史时期,国内外学校体育都在不断发展、创新,一步步走向完善。

三、国内外学校体育的发展趋势

(一)国外学校体育的发展趋势

1.学校体育目标的多元化发展

自学校体育开展以来,以生物体育观为基础的指导思想在相当长一段时间内占据主导地位,该思想强调从生物学意义上改造人体,强调体育教育的生物学作用(强身健体)和由此延伸的物质文明促进作用。随着社会的进步和体育科研水平的不断提高,单一的生物体育观发生了变化,逐渐转变为三维体育观,即生物、心理、社会三者结合的体育观,在新体育观的指导下,一些国家对学校体育的认识也发生了显著的变化。西方发达国家走在学校体育发展的前沿,因此率先在这方面有了新的认识,提倡发挥学校体育的多元功能,即身体发展功能(增强体质)、认知功能(培养分析与判断能力)、社会功能(培养社交能力)以及情感功能(培养合作精神、开拓精神、良好品德等)。现在,学校体育目标在之前的基础上更加系统化、多元化,具体目标包括增强体质目标、教育目标、培养目标、娱乐目标、竞技目标、促进个性完善与全面发展目标等。随着学校体育目标的多元化发展,学校体育在素质教育中的重要作用更是不可随意替代。

2. 学校体育追求长期效益与健康教育相结合

国外学校体育在强调实现多元化目标的同时,对增强学生体质健康这一目标尤为重视。作为体育教育发展的永恒主题,健康教育历来在国外学校体育中受重视,并基于这一主题基础形成了终身教育的重要思想,以此来追求健康促进的长期效益。

终身体育思想随着终身教育思想的形成与发展逐渐在世界各国传播开来,并得到了普遍的接受。率先将该思想落实在实践中的是西方发达国家。国外学校体育教育在早期就注重培养孩子的体育态度,引导孩子树立终身体育意识,养成良好的体育锻炼习惯,从而能够终身参与体育活动,成年后获得良好的体育运动能力。

世界卫生组织前总干事中岛宏博士曾指出,全世界儿童青少年群体中,大部分在学校读书,因此,开展学校健康教育是促进全球健康目的实现的最佳机会和路径。青少年是未来的希望,他们的健康对未来世界有重大影响。因此,在学校教育规划中,重视学校健康教育的地位和重要性,使全体学生都能接受健康教育,实现身体健康,是一个紧迫的任务。[①]

3. 学校体育与社会不断融合

自学校体育形成与发展以来,人们便认为其只是学校的一种内部活动。但从学校体育的发展内涵来看,其不止局限于校园这个有限的范围内,而是向社会各方面广泛延伸与拓展的,与社会体育有着非常密切的联系。加强课内、课外、社区体育教育活动的有机结合,有助于营造良好的体育活动氛围,对学生的团结合作精神及社会适应能力进行培养。

---

① 杨文轩,等.学校体育学[M].北京:高等教育出版社,2016.

此外，国外在发展学校体育的同时，积极与健康教育、生存教育、生活教育以及校园文化建设等相融合，从而促进学校体育理论与实践的不断发展与完善。

4. 学校体育的现代化

随着国外学校体育的不断改革与发展，新兴学校体育观逐渐确立，如"快乐体育""终身体育"等，这在很大程度上冲击了传统体育教学方法和模式。马斯洛(人本主义心理学家)认为，人的超越性动机主要表现在人的审美需要和自我实现的需要中，人都有丰富的欲求和无限增长的需要，这是完美人性的重要体现。① 因此，挖掘学生潜能、培养学生兴趣、发展学生个性在国外现代学校体育教育中非常受重视，学生自学、自练和自我创造等教学方法在此基础上逐渐形成，并结合现代化教学手段广泛应用于学校体育实践中，这样体育教学方法的综合体系就逐渐形成了。

此外，在国外学校体育中，不仅重视学生的主体地位和促进学生的个性发展，还强调教师的主导地位和学校体育促进社会发展的功能意义。不仅如此，在学校体育研究中，国外学者从更深层次上探索体育教育价值观和体育科学理论，学校体育管理方式也逐步从传统向现代化转变，并且注重将体育物质条件应用于促进学生身心全面发展和运动技能提高的实践活动中。

(二)我国学校体育的发展趋势

1. 学校体育指导思想将从增强体质向健康第一和终身体育转变

我国全面推行素质教育对学校体育改革与发展提出了更新、更高的要求，也使得学校体育指导思想从根本上发生了重大转变。当前，我国学校体育的主导思想已确立为健康第一和终身体育。学校体育对学生身心健康及全面发展将更加关注，对学生终身体育参与能力的培养将更加重视。

---

① 杨文轩,等.学校体育学[M].北京:高等教育出版社,2016.

2. 学校体育观走向开放与可持续发展

改革开放以来,学校体育的发展迎来前所未有的好时机。在新的机遇下,学校体育观更加开放,更加重视可持续发展,具体表现在以下几方面:

(1)打破校园界限,与社会体育和竞技体育相连接

近年来,随着体育形式的多样化发展,学校体育仅仅是学校内部活动这一认识逐渐被推翻。学校体育的发展已经突破了校园内部的局限,与社会体育、竞技体育形成了密切的联系,在联系中相互借鉴、相互促进、共同发展。

(2)打破空间界限,借鉴多国经验

当前,我国的学校体育并不只是我国内部的学校体育,各地的学校体育也不再只是这个地区的学校体育,学校体育不再封闭,而是呈现出交叉融合,多样化趋势。

我国自改革开放以来,向日本、美国、欧洲各国积极学习学校体育和体育事业的发展经验,以此促进我国学校体育内容的丰富和学校体育体系的完善。

(3)可持续发展的学校体育观

当前,我国几乎各个行业和各个学科都在贯彻可持续发展的思想。在我国学校体育发展中,一系列方针政策都主张将该观点运用于学校体育实践中,并坚持该观念的指导。因此,学校体育突破了急功近利的发展模式,更加关注未来、着眼未来,追求长远的可持续发展。

3. 体育与健康课程将成为学校体育改革的亮点

(1)体育与健康课程改革的主旨——致力于学生的健康成长

以下是体育课程改革的几个焦点:

第一,对体育促进学生身心健康发展的功能更加重视,培养体育精英不是学校体育的目的,培养身体健康、身心健全、合格的公民才是学校体育的主要目的。

第二,彻底将传统的竞技运动教学模式摆脱。

第三,学校体育课程体系从以学科(知识、技能)为中心向以"人的健康成长和需要"为中心转变。

第四,对学生的体育需要和情感体验(人生观、价值观、兴趣和态度、能力等)尤为关注。

(2)中小学体育与健康课程改革向纵深化发展

我国全面启动体育与健康课程改革的标志是教育部修订与正式颁布《中小学体育与健康课程标准》。新的课程标准具有以下特征:

第一,结构体系更加规范,向发达国家的课程标准逐渐靠拢,同时又不失中国特色。

第二,目标体系和考核体系得到了强化,课程内容选择和安排逐渐淡化。特别是竞技体育的传统体系和理念淡化得非常明显,而体育的教育性特征被重点强调。

体育与健康课程标准的一系列变革对促进学校体育的纵深发展和可持续发展具有划时代的重大意义。

第二节 学校体育的功能与目标

一、学校体育的功能

(一)学校体育的学生发展功能

1. 健身功能

学校体育的本质功能是健身功能,即增进身体健康的功能。学生亲身参与运动即学生的身体活动是完成任何一项学校体育活动都必须采取的途径。学生参与运动时,机体处于活动状态,机能和器官都会发生相应的适应性变化。处于生长发育关键期的青少年学生,其身体上有很大的可塑性,适度的、科学的体育运动能够使学生的身体器官和机能发生良好的变化,从而提高学生的体质健康水平,进而在更长期的维度上积极影响学生的整个人生健康。

学校体育的健身功能具体从以下几方面体现出来：

(1)改善体能,提高运动能力

体能有两种类型,即有关于健康的体能和有关于运动技能的体能,二者所包含的内容有一定的不同,见表1-1。

表 1-1　体能的类型与内容

体能分类	内容
与健康有关的体能	身体成分
	肌肉力量
	肌肉耐力
	心肺耐力
	柔韧性等
与运动技能有关的体能	运动所需的力量
	运动所需的速度
	运动所需的灵敏性
	运动所需的神经协调性
	运动所需的平衡性等

学校体育可有效改善学生的体能,从而促进学生健康发展,提高学生的运动能力。

(2)塑造体形和身体姿态

参加体育锻炼对骨组织的血液循环有良好的促进作用,从而能够使骨密质增厚,骨骼变粗,使骨骼更加坚固,不容易弯曲、变形和折断。青少年学生持之以恒地参与体育锻炼,可以使骨骼快速增长,身高上长得更快一些。

(3)掌握锻炼与保健的知识和方法

系统的学校体育教育有助于促进青少年学生对身体锻炼知识和方法的学习和掌握,以及对自我保健知识和方法的运用。

(4)提高环境适应能力

青少年学生经常参加体育锻炼,能够更快更好地适应不同的自然环境,而且对疾病的抵抗力也会有所增强。

2.习得运动技能

学校体育教育与学校其他学科教育在很多地方都存在不同之处,其中,较为明显的一个区别就是通过学校体育教育,学生可以学习和掌握运动技能,而其他学科的教学则没有这一功能。

在青少年学生学习和掌握运动技能方面,学校体育发挥着特殊的作用。一方面,处于学习运动技能旺盛期的青少年学生,技能习得能力很强,只要体育学习活动科学合理,往往就能取得事半功倍的效果;另一方面,学生在学习运动技能过程中,会产生良好的情感体验,这有助于对学生正确体育学习动机的激发与强化。学生在学习中将自己良好的技能水平展示给他人,获得肯定与夸赞,从而产生自我成就感、愉悦感,在良好情绪体验的激励下慢慢养成良好的体育行为习惯,进而养成健康的生活习惯。

具体来说,学校体育的这一功能表现如下:

(1)学习体育运动知识

学生在基础教育阶段系统学习体育运动知识,能够形成良好的体育素养,并科学参与运动实践。

(2)掌握运动技能和方法

学校体育发展中,专门开设了体育与健康课程,并对丰富的体育运动资源、专业的师资队伍进行了合理的配备与高效的运用,从而为学生掌握运动技能创造了良好的环境与条件。

(3)提高安全意识和自卫能力

体育运动的积极影响与体育运动带来的损伤等消极影响客观上总是同时存在的,这主要是场地设施、安全意识、身体条件以及运动能力等因素影响的结果,系统的体育学习对学生安全意识的提高及运动损伤的避免具有积极影响。

3.提升心理品质

培养学生良好的心理素质和社会适应能力是学校教育的主要任务之一,而在这方面,学校体育的作用非常独到,不可替代。

学校体育具有突出的竞争性、交往性、实践性等特点,体育教学、课外体育、运动训练、体育竞赛等各种学校体育活动对培养与提升青少年学生的自信心、坚强意志、挫折承受能力、合作能力、良好行为习惯等都有重要的意义。这是学校体育与学校其他教育活动相比的主要优势所在。当代中国,社会快速发展,培养与提升学生的心理品质显得越来越重要,因此,学校体育的这一功能也会被越来越重视。

心理品质主要包括两个内容,一是心理健康,二是社会适应能力。学校体育提升心理品质的功能也主要体现在这两个方面。

(1)促进心理健康

学校体育对学生心理健康的积极影响已广受认可。具体而言,主要表现在以下几个方面:

①提高智力水平。

②改善情绪状态。

③确立良好的自我概念。

④培养坚强的意志品质。

⑤消除疲劳。

⑥治疗心理疾病。

(2)提高社会适应能力

学生在体育活动中接触、体验各种情境的方式更直接、生动和集中,如竞争、合作、角色和角色转换、赞扬、规范、成功、失败、处罚等近似于社会上所能遇到的情境,这能够促进学生规范意识的强化和集体荣誉感的提升,促进良好道德行为习惯的养成和社会适应能力的增强。

(二)学校体育的社会发展功能

1. 立德树人的教化功能

学生在学校体育活动中会将自己内在的价值观念展现出来,这为教师开展针对性的教育活动提供了方便与有利条件。学校体育对积极的社会价值观广泛传播,对正能量积极倡导与弘扬。例如,拼搏进取的生活理念、积极向上的生活态度、健康文明的生活方式等都是学校体育强调的重点,这有助于引导学生在这些方面不断提升与完善。在社会观念的培育与传播方面,学校体育的作用不可低估,具体表现在两方面,一是"内化为观念",二是"外化为行为",后者是在前者的基础上进一步发展的结果。

在学校体育中加强对社会观念的培育和传播,其主旨是立德树人。我国政府明确指出"把立德树人作为教育的根本任务,培养德智体美全面发展的社会主义建设者和接班人"。"立德树人"为教育的改革与发展指明了方向。立德树人,即教育事业不仅要给学生传授理论知识,培养学生的实践能力,还要在教育体系中有机融入社会主义核心价值体系,帮助学生树立并强化巩固正确的世界观、人生观、价值观。社会主义核心价值观在国家、社会和个人三个层面的基本内容为"富强、民主、文明、和谐,自由、平等、公正、法治,爱国、敬业、诚信、友善",这也是学校体育中培育与完善学生良好社会价值观的主要内容。

2.培养后备人才

我国要迈向体育强国,就需要加强对体育后备人才的培养,而学校体育在这方面发挥的作用越来越重要。学校体育面向全体学生,充满活力的青少年学生被学校丰富的体育活动而吸引,积极参与体育学习与体育锻炼。在此基础上,通过对比同龄孩子的运动能力,能够对孩子运动天赋的好坏做一个基本的判断,重点培养与训练具有良好运动天赋的孩子,可促进优秀社会体育人才和竞技运动后备人才来源的不断扩大。有些学生运动天赋十分突出,可以向高水平专业队推荐与输送这些后备人才,使其通过接受更系统科学的训练,具备成为优秀体育人才的条件与能力。

在新的历史条件下,为了促进学校体育工作的顺利开展,促进素质教育的全面推进与落实,同时,为了培养大批高素质的劳动者和优秀的体育后备人才,我国提出并大力贯彻一项非常重要的战略举措,即"体教结合",具体就是将体育、教育等领域中丰富的资源整合起来,实施人才培养战略。这一战略举措与人力资源培养的基本规律和内在要求相符,有利于促进体育、教育事业最根本的培养目标的顺利实现。

"体教结合"的战略举措在体育发达国家已经被普遍采用,这一方面有助于强化校园体育氛围,保证人人都有机会参与体育运动,进而促进学生养成良好的体育生活方式;另一方面,促进了竞技后备人才选材范围的扩大,使优秀运动员接受正规教育的机会得到保证,从而进一步提升优秀运动员的文化素养,使其在训练、竞赛中能够更好地适应新环境,取得更优秀的成绩,并在退役后有更多的机会来顺利就业。

3. 传承体育文化

我国要从体育大国向体育强国转变,首先要打造体育文化强国。在这一方面,学校教育是作为一个重要基石必然不可或缺。

世界上的体育强国普遍重视从早期开始培养孩子的体育文化素养,使每个人都能在少儿阶段就接受体育文化的熏陶。当前处于文化大发展、大繁荣关键阶段的我国,要提升民族凝聚力与民族创造力,就要先提升文化软实力。作为社会文化重要组成部分的体育也是我国在培育与提升文化软实力中不可忽视的一环。

学校教育不仅对培养青少年学生的体力、智力、优良品质等有积极作用,同时在促进体育文化传承、传播和弘扬方面也有重要的影响。作为社会中有组织、有目的、有计划地培养人才的专门场所,学校有专业的教师队伍和丰富的硬件资源,集前沿教育教学理论与教学内容于一身,它是传承民族传统体育的摇篮,是对中华民族传统体育文化加以保护的重要根据地。我国是一个多民族国家,各民族的传统体育文化都各有特色,在学校中开展活泼有趣的传统体育活动,对民族传统体育文化的教育读本进行科学创编,在体育教学中渗透民族传统体育文化,促进学校传统体育教育体系的形成与完善,有助于中华民族传统体育文化的持续传承与健康发展。

二、学校体育的目标

(一)学校体育目标的概念

学校体育在一定时期内通过开展实践工作所要达到的预期结果就是所谓的学校体育目标。学校体育的指导思想具体体现在学校体育目标中,开展学校体育工作要以学校体育目标为出发点,评价学校体育工作效果也要将学校体育目标的实现程度作为一个重要依据。

所制订的学校体育目标是否正确、合理,一方面与学校体育内容、方法和手段的选用有直接的关系;另一方面又与学校体育的发展方向有密切关系,对人才培养规格和质量具有重要的影响。在学校体育改革中,目标的改革是首要环节,因为学校体育目标对学校体育的改革与发展具有重要的影响,具体体现在指导定向、定位、激励、评价等作用上。

(二)学校体育目标的结构

学校体育目标的结构体系如图1-1所示,由图可知,其结构要素之间存在着明显的递进关系。

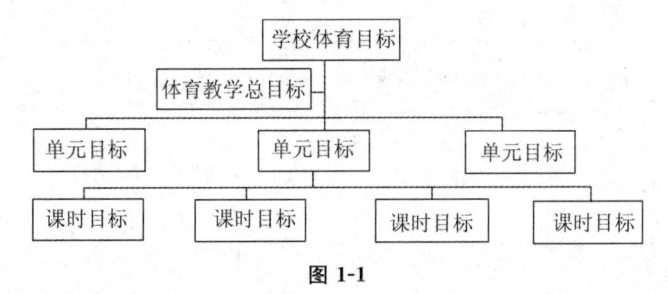

图 1-1

下面对学校体育目标的结构要素进行简要分析。

1. 学校体育目标

学校体育目标的概念及重要性上面已经提到,条件目标、过程目标和效果目标是构成学校体育目标的三个主要因素。只有先将这些目标明确下来,才能更好地为体育教学目标的制订提供重要依据。

对学校体育目标的确立需要参考以下理论依据:

(1) 社会发展的需要。

(2) 学校体育的功能。

(3) 学生身心特点与健康需求。

2. 体育教学总目标

以学校体育目标为依据而提出的体育教学实践活动的预期结果就是体育教学总目标,其具体由实质性目标、教育性目标和发展性目标组成。确立体育教学总目标,需要将这三类目标逐一制订。

3. 单元目标

单元目标是制订体育单元教学计划、开展单元教学活动的主要参考。依据学校体育教学任务,可将体育教学单元目标划分为图 1-1 所示的独立型、图 1-2 所示的阶梯型以及图 1-3 所示的混合型共三种类型。

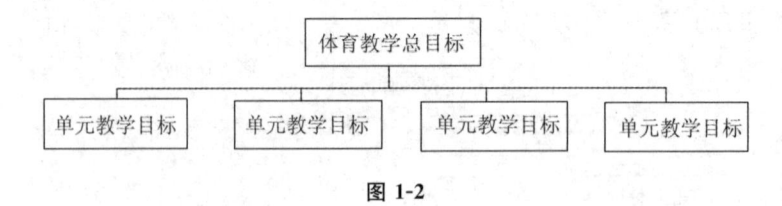

图 1-2

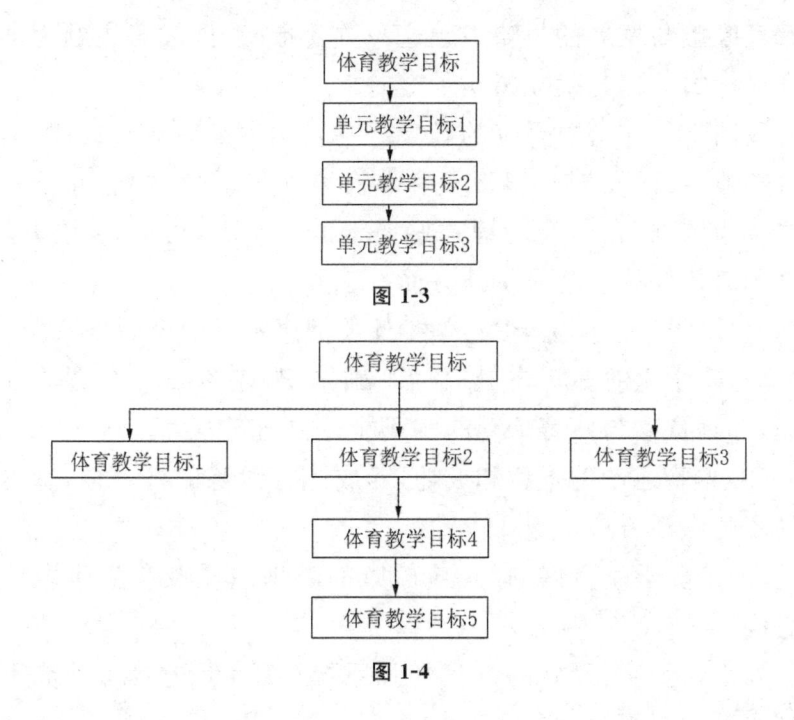

```
体育教学目标
    ↓
单元教学目标1
    ↓
单元教学目标2
    ↓
单元教学目标3
```

图 1-3

```
        体育教学目标
       ↙    ↓    ↘
体育教学目标1  体育教学目标2  体育教学目标3
              ↓
          体育教学目标4
              ↓
          体育教学目标5
```

图 1-4

4.课时目标

体育课时目标是每节体育课的教学目标,是单元目标的具体表现形式,对每节体育课教学活动的开展具有指引作用。

(三)我国学校体育的总目标

《国家中长期教育改革和发展规划纲要(2010—2020年)》在战略主题中明确指出,坚持以人为本,全面实施素质教育是教育改革发展的战略主题,也是贯彻党的教育方针的时代要求。将"培养什么人、怎样培养人"的重大问题解决好是该战略主题的核心;面向全体学生、促进学生全面发展,培养与提升学生为国家和人民服务的社会责任感、探索创新精神和解决问题的能力是该战略主题的重点。落实该战略要求牢固树立健康第一的指导思想,坚持全面发展,使学生的体育课堂学习时间和课余活动时间有所保障,加强对学生的心理健康教育,促进学生身心健康,提高体育教学质量。对新时期学校体育工作进行衡量,需要参考国家中长期教育改革与发展的战略主题这一重要指南,该战略主题为学校体育目标的制订与确立指明了方向。①

我国学校体育总目标的确立需要以学生健康成长规律、学校体育功能、我国发展教育事业和体育事业的需要、社会和谐发展需要等为依据,在综合考虑这些要素的基础上,可以将我国学校体育的总目标确定为以下几方面:

(1)增强学生体能,促进学生体质健康水平的全面提高。

(2)使学生对体育与健康的基础知识、基本技能与方法加以掌握,并具备参与体育活动的实践能力和创新能力。

(3)体验运动的乐趣和成功,养成体育锻炼的好习惯,基本形成健康的生活方式。

(4)培养学生良好的社会、健康的心理品质及积极进取的人生态度。

(5)对运动天赋好的学生加强系统训练,促进其运动能力和竞技水平的提高。

(四)学校体育目标的具体含义

1.增强体能,全面提高健康水平

人只有处于体能良好、机能正常和精力充沛的状态,才可以说是身体健康。学生如果拥有健康的体魄,学习效率会更高、会更容易适应环境,且会感到生活很美好、生命非常有价值。因此,学校应通过开展丰富多彩的体育活动来促进学生身体全面健康发展(包括身体形态、生理机能、身体素质和身体基本活动能力等方面的发展),使学生适应自然环境的能力、抵抗疾病的能力进一步增强。增强体能,全面提高健康水平不仅对学生个体的成长有利,从更深远的角度来看,其对中华民族国民体质整体健康水平的提高与改善具有重要的战略意义。

---

① 杨文轩,等.学校体育学[M].北京:高等教育出版社,2016.

2.习得运动技能,培养终身体育意识和能力

在体育学习与锻炼中,学生完成运动动作的能力就是运动技能,这是体育课程以身体练习为主要手段的基本特征的重要反映,是落实课程学习内容的主要途径。在体育与健康课程中传授运动技能,能够将学生的体育学习兴趣调动起来,使其体育学习的正确动机得到强化,进而使其养成体育锻炼的良好习惯,并形成终身参与体育锻炼的意识和能力。学习与掌握运动技能也是促进学生体质健康水平提高和学生心理品质提升的重要载体。因此,强化运动技能的习得能力是学校体育的重要目标之一。

运动技能的内容随着现代体育的迅猛发展而越来越丰富。学校的体育学习时间十分有限,所以,学生应该立足自身兴趣爱好、现实条件有针对性地选择自己要学习的运动技能,经过系统学习,学有所长,将1~2项运动技能牢牢掌握。从而在学校体育中促进"校校有特色,人人有项目"的新局面的形成。

3.促进立德树人,培育良好的社会观念和心理品质

作为教育事业的根本任务,立德树人强调教育事业不仅要向学生传授理论知识,培养学生的实践能力,还要在国民教育中融入社会主义核心价值观教育,使学生树立正确的世界观、人生观、价值观。在学校体育工作的整体过程中都要全面贯穿立德树人,对学生良好社会观念的形成加以积极的引导,并使学生学会将这种社会观念迁移到日常学习生活中,发挥积极效应。

对于现代社会中的任何一个人来说,心理健康与社会适应都非常重要,具体是指个体自我感觉良好,与社会和谐相处。随着社会的发展和科技的进步,人们的健康观念越来越趋于合理、科学,且在不断强化。作为构成健康的重要因素,心理和社会因素直接影响身体健康。学生在有组织、有计划、有目的的体育学习中,能够养成坚强的意志品质、克服困难的不屈精神、正确的成败观以及良好的竞争意识和合作精神,从而能够形成良好的心理品质。

4.挖掘和培养体育后备人才,提高其运动能力和竞技水平

我国实施体育强国发展战略,对大量体育后备人才的培养是必不可少的一个环节。一方面,竞技体育的可持续发展要求学校充分发挥自身在培养人才方面的优势与作用,贯彻体教结合,挖掘与培养高素质的体育人才,促进竞技运动发展;另一方面,社会体育的兴起与发展对体育爱好者、体育骨干提出了更高的要求。因此,学校体育工作中要注重对运动天赋好的学生的挖掘,组织系统的课余训练,将其培养成优秀的体育后备人才,使这些人才在社会体育发展中发挥自己的作用,作出重要的贡献。

组织与实施学校课余训练,尤其要重视训练的基础性、科学性,具体要坚持适性、适时和适度等原则。

(1)适性原则。课余训练要与学生的个体特性相适应,学生的运动天赋有各种类型,要将学生的最佳发展方向明确下来,优先培养。

(2)适时原则。课余训练中要将最佳训练时机把握好,将学生身体素质发展的敏感期和运动技术学习的最佳时期找准并加以确定,争取在最佳发展期通过训练取得事半功倍的效果。

(3)适度原则。对课余训练的内容和负荷要科学安排,要立足学生的身心发展基础和现实需要,不可急功近利,不切实际地拔苗助长。

第三节 体育课程教学的性质与特点

一、体育课程教学的性质

(一)体育课程教学与其他学科教学的本质区别

体育课程教学的性质也是体育课程教学的本质,具体就是体

育课程教学与其他学科教学(如语文、英语、数学、物理、生物、音乐、美术、劳动等学科)的本质区别。具体区分如下：

1. 按"同"归类，按"异"区分

学校教育中，常见学科的教学大体可以分为两类：一类是以理论性为主的教学，一类是以实践性为主的教学，前者包括语文、数学、英语、物理、生物、社会等学科教学，后者包括体育、音乐、美术劳动等学科教学。

2. 以实践性为主的体育教学与以理论性为主的学科教学之间的区别对比

(1)体育教学活动是阳光体育活动的一种表现形式，其以户外环境为主，学生走出教室，大脑放松，身体器官接受适宜的刺激，身心状态得到积极的调整，这在全面推行素质教育的今天显得尤为重要；而理论性教学以室内环境为主，长期的室内教学对学生的身心健康有一定的消极影响。

(2)学生在体育学习中需要将身体练习与思维活动结合起来，而理论性教学中，学生主要是以思维活动为主，身体的直接参与几乎没有，或者只是身体某一部分的简单参与，如数学运算中手指、手臂等部位的简单活动。

(3)体育教学中，理论教学内容与实践教学内容各占一定比例。理论教学内容具体包括健康知识、卫生保健知识、各项目的理论知识等，实践教学内容特指运动技术。理论性教学以大脑思维活动为主，实践性教学以身体活动为主。这两种教学内容之间有密切的关系，体育理论性知识必须以实践性知识为依赖，体育教学离开实践操作将成为一句空话。

(4)身体的直接参与是体育教学区别于其他理论性学科教学的一个主要特征，这就决定了学生在体育学习中，尤其是学习与掌握运动技术时，必然会承受一定的生理负荷，这会影响其各种器官的发展，引起应激反应，如呼吸加速、心率加快等。而理论性学科教学中，学生只承受心理负荷，生理负荷基本没有。

(5)体育教学不仅促进学生身体发展,也开发学生"智力",但这里的"智力"特指"身体时空感觉、运动智力、人际交往智力",在本质上是不同于一般意义上的智力因素(语言智力、数理智力、逻辑智力等)的。

(6)体育教学中,学生之间的身体接触在所难免,这有利于缓解身心压力,同时能够培养学生的社会适应能力。而理论性教学中学生之间的身体接触几乎不存在,这是基本的教学纪律。

3.体育教学与音乐、美术等实践性教学之间的区别对比

体育教学与音乐、美术等实践性教学之间的区别主要体现在开发智力方面。体育教学侧重于培养学生的"身体时空感觉、运动智力、人际交往智力"等;美术教学以培养学生的物体视觉、空间智力为主;音乐教学以培养学生的乐感、节奏智力为主。

此外,体育教学在户外环境中开展得较多,且学生需要承担一定的生理负荷,而音乐教学以室内环境为主,美术教学则室内、户外均可。在美术教学与音乐教学中,学生几乎不承受生理负荷,但要承受心理负荷。

(二)体育课程教学本质的总结

综上,我们可以将体育课程教学的本质确立为"运动技术教学",具体可以理解为运动操作知识,学会运动操作知识之后,运动技能就会逐渐形成。

二、体育课程教学的特点

通过分析体育课程教学与其他学科教学的差异,我们可以从中归纳出体育课程教学的特征,主要体现在以下几方面:

(1)在户外环境中教学,尤其是体育实践课教学。

(2)身体练习与思维活动相结合。

(3)学生需承受一定的身体负荷与心理负荷。

(4)师生双边互动。
(5)实践教学以运动技术教学为主。
(6)身体接触、人际交往比较频繁。
(7)需要机体自我操作与体验。
(8)侧重发展学生的身体时空感觉、运动智力等。

第四节 体育课程教学的结构与规律

一、体育课程教学的结构

(一)结构的含义

结构既是一种观念形态,又是物质的一种运动状态。结是结合的意思,构是构造的意思,合起来就是主观世界与物质世界的结合构造。在意识形态世界和物质世界,结构的应用非常广泛,如建筑结构、语言结构等。人们用这些专业术语来表达世界存在状态和运动状态。从哲学的角度来看,结构指的是不同类别或相同类别的不同层次按程度多少的顺序进行有机排列。[①]

体育课程教学结构可分为内部结构、外部结构两类。

(二)体育课程教学的内部结构

从时间序列来看,体育课程教学的内部结构可从学段目标开始,再到水平目标、学年目标、学期目标、单元目标和课时目标,如图 1-5 所示。

---

① 李启迪,邵伟德.体育教学基本理论研究[M].北京:北京师范大学出版社,2014.

图 1-5

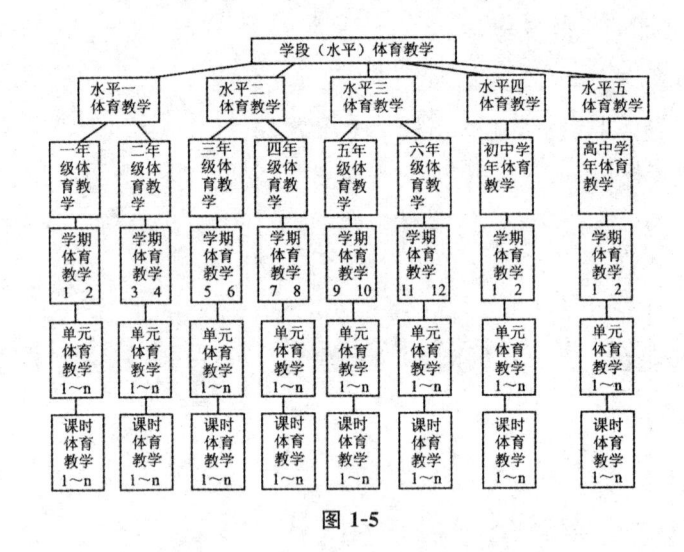

(三)体育课程教学的外部结构

课外体育是体育的外部组成要素,其具体包含的内容有早操、课间操、课外体育竞赛、校外体育活动、校园文化节、校园运动会等。

课外体育内容丰富、广泛,可以说,除正规的体育课堂教学外,其余所有的学校内外体育活动都包含在课外体育中。

二、体育课程教学的规律

(一)"人体机能适应性"规律

在体育课程教学中,学生"人体机能适应性"的规律是客观存在的,其具体可细化为以下三个规律:

(1)体育课程教学中学生人体生理机能活动变化规律。在制订体育课程教学目标及各阶段的教学任务中,这个规律提供了重要的依据。

(2)体育课程教学与学生身体发展非线性关系的规律。这个规律由体育课程教学的实践特点所决定,所以,不存在"运动与身体健康的因果关系"和人体机能"超量恢复"原理。

(3)体育教学内容对不同学生具有不同的身体刺激规律。

(二)心理活动能力变化规律

体育课程教学中,学生的心理会发生非常复杂的变化,因此,我们需要对学生在体育学习中的各种心理学指标进行简化,如思维、注意、情绪、记忆、兴趣、性格、意志、个性特征等,如果要对所有因素与内容进行考察,需要耗费大量的时间与精力,因此,一般挑选几个比较重要的指标与要素来考察。下面重点以注意力这一指标为例来分析学生在体育学习中的注意力特征及变化。

体育课程教学中,不同年龄学生的注意力特征如下:

1. 学龄初期(六七岁至十一二岁)

这一阶段的儿童,有意注意正开始发展,起主要作用的仍是无意注意,他们的无意注意很容易由外界客体而引起。特别是对小学一二年级的学生来说,外部的刺激物很容易吸引他们的注意力。相对来说,有意注意还缺乏一定的稳定性。研究发现,七八岁的儿童,有意注意保持的时间一般只有10~15分钟。如果要求他们在3~10分钟内连续完成7次练习,那么往往在完成第五次后就会被其他事物所吸引,难以集中注意力。所以,对于这一年龄段的学生,在体育课程教学中不要强制其完成持续时间较长的练习。

低年级学生,注意分配有限,要同时将注意力分配到两三个对象上是有难度的。而且他们的内部注意还不够强,在自身思维和表象上难以集中大部分的注意力,对自己的练习和存在的错误也无法准确分析。所以,在低年级的体育课程教学中,体育教师应少布置分析动作的任务或作业,而应多讲解学生在练习中出现的错误动作,多做正确的示范。

2. 学龄中期(十一二岁至十四五岁)

学龄中期的学生,有意注意得到一定的发展。在教学条件适宜,且对教学内容有较强动机的前提下,他们的有意注意可以顺利维持40~50分钟,并可以将注意力有侧重地分配到单个的相关对象上。虽然如此,他们依然比较容易分散注意力。造成这一问题的原因有很多,比如行动的冲动性、耐受性;追求动作快;教材内容抽象、高深,不符合他们的知识经验和接受能力等。

少年喜欢追求新鲜事物,因此一旦遇到外部的新刺激,他们就会被吸引。他们对活动结果的关注较多,而对活动的质量不太在意,如果他们长时间重复单一练习,就会感觉枯燥,注意力就会因此而显著降低。

3.学龄晚期(十四五岁至十七八岁)

学龄晚期的学生,有意注意可以保持较长时间。他们明显表现出试图自我认识和自我表现,并能完全自觉接近该目标。因此,他们的注意具有良好的稳定性,注意范围也接近成人,在较为复杂的活动中可以将自己的注意力分配好。所以,在体育课上,他们会集中注意力认真看教师做示范,认真听教师讲解动作及理论。对于学龄初期和中期的学生来说,组织注意的主要因素是提供教材的形式;而对于学龄晚期的学生来说,更重要的是提供的教材内容,他们对教材内容的科学性、先进性十分注意。

第五节 体育课程教学的原理与原则

一、体育课程教学的原理

(一)体育课程教学原理的分类

体育课程教学内容中,主体内容是体育运动项目,因此,在体育课程教学内容编排与设计中,对运动项目的教学要高度重视,并将运动兴趣与情感体验融入具体项目的教学原理中,从而通过科学的教学原理对学生在运动技能形成与发展过程中的不懈追求与个体本能生物价值观、社会文化价值观的融合进行更为科学、合理的解释。

体育课程教学原理包括两种类型,分别是理论层面的原理和实践操作层面的原理,这两种原理的内容具体见表1-2。

表1-2 体育课程教学原理的分类

原理分类	原理内容
理论层面的原理	兴趣、情感、习惯、观念链式循环原理
	自在兴趣性强化原理
	非自在动作规范强化原理
实践操作层面的原理	自然追求与技术理性相结合原理
	练习与强化相倚关系原理
	练习的适宜难度负荷原理

在体育课程理论与实践教学中,要坚持以上原理的科学指导,在综合上述原理的基础上开展教学工作。需要特别强调的是,上表所示的各种原理中,实践操作层面的练习与强化相倚关系原理在体育课程实践教学中具有重要的指导作用,依据这一原理来对运动技术的练习进行设计,可大大提高体育课程教学效果与训练水平。该原理的具体机制与作用如图1-6所示。

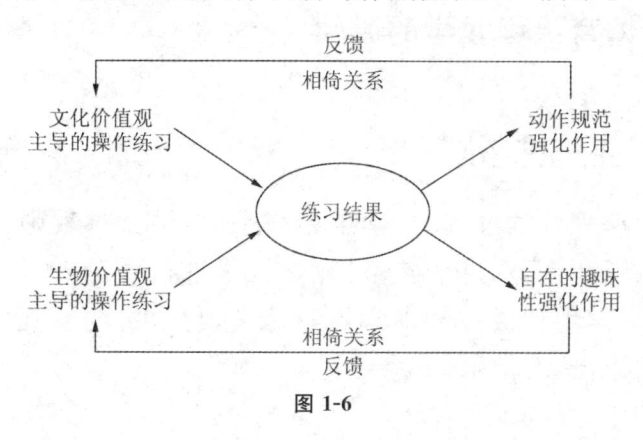

图1-6

(二)体育课程教学原理作用的发挥

体育课程教学中,不管是理论层面的教学原理,还是实践操作层面的教学原理,它们各自作用的发挥都是在运动项目进化价值观与科学和和谐法则的基础上实现的,这一关系如图1-7所示。

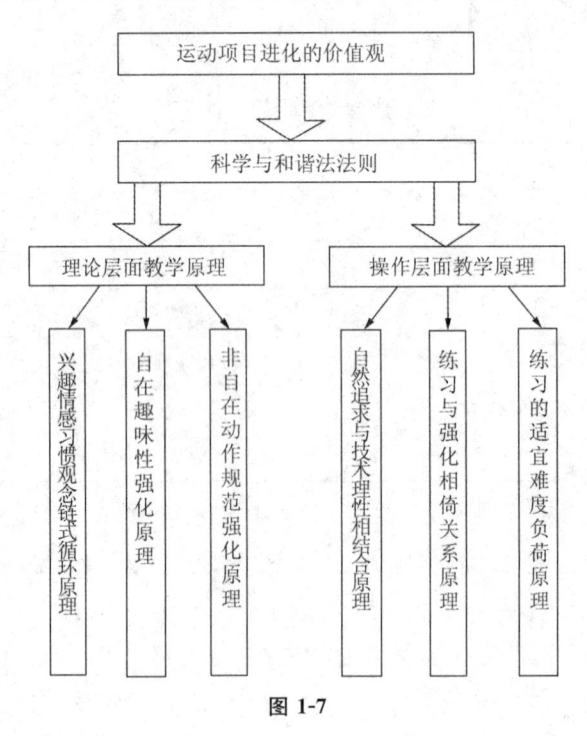

图 1-7

二、体育课程教学的原则

(一)主体性原则

体育课程教学过程中,学生始终是学习主体,教师应以学生主体的特点和需要为依据来对教学工作进行合理安排。在教师的指导下,学生积极主动地学习与练习,将自身的主观能动性充分发挥出来,这就是主体性原则。

贯彻主体性原则应注意以下事项:

(1)积极转变教学观,"以学生为本"。

(2)科学设计和准备各个教学环节,使学生能够发挥主观能动性,积极参与教学活动,提高学生的学习与创新能力。

(3)在不同学段的教学中,教师应有针对性地采取不同的指导方式和教学策略。

(4)教师要认识到学生的个体差异,做到因材施教。

(5)教师要启发学生对有效学习方法的掌握,培育其自主学习意识与能力。

(二)直观性原则

在体育课程教学中,教师将各种直观方式运用起来,并结合学生的感知体验去刺激与调动学生的感官,对其观察能力、思维能力进行培养,丰富其直接经验和感性知识,从而为体育知识、技能和方法的全面掌握打好基础,这就是直观性教学原则。

贯彻直观性原则需注意以下事项:

(1)引导学生将身体的各种感觉器官综合运用起来获得更丰富的感知,扩大直观效果。

(2)将图片、模型、幻灯、录音、录像、电影等现代化教学工具、手段和媒介充分运用到直观教学中。

(3)教师要充分发挥自己对学生的直观作用,不断加强自身修养,提高自己的运动技术水平,争取在动作技术示范中达到高度准确性和规范性。

(4)选好直观位置,把握最佳时机,提高直观效果。

(5)教师要在直观教学中培养学生的观察能力和积极思维的能力。

(三)个体性原则

体育课程教学要"面向全体学生",在此基础上以每位学生的具体情况为依据将不相同的、有针对性的教育工作一一落实,使所有学生都能在各自的基础上获得充分发展,保持身心健康,掌握运动技能,这就是个体性教学原则。

贯彻个体性原则需注意以下事项:

(1)对学生的基本情况进行深入细致的研究和了解。

(2)正确对待个体差异。

(3)通过各种体育教学组织形式创造因材施教的良好条件。

(4)采用各种体育教学方法落实因材施教原则。

(5)将因材施教与统一要求有机结合起来。

(四)技能引领原则

在体育课程教学中,将有限的教学时间充分利用起来,重点将必要的运动技能和健身方法传授给学生,并使学生尽快掌握这些技能与方法,为学生课后锻炼乃至终身体育打好基础,这就是技能引领教学原则。

贯彻技能引领原则需注意以下事项:

(1)对生理、心理负荷及运动强度和量要合理安排,注意安排积极的休息方式,预防运动伤害。

(2)将运动技能教学与兴趣培养、理论知识教学、个性发展等有机结合起来。

(3)在动作技能教学中,要达到全员参与、粗略掌握、基本运用的效果。

(4)不能采用运动训练的方法进行运动技能教学,避免体育教学竞技化。

(五)安全性原则

在体育课程教学中,要使学生安全学习,对学生进行安全教育,这就是安全性教学原则。

贯彻安全性原则需注意以下事项:

(1)教师要考虑到所有可预测的危险因素。

(2)将安全教育贯穿在教学的整个过程中,提高学生的安全意识与自我防护能力。

(3)建立运动安全有关的安全制度,严格按相关制度要求开展教学工作。

(4)安排负责安全的专门人员,共同防范危险,充分确保学生的运动安全。

第二章 学校体育课程研究的多学科理论基础

学校体育课程研究蕴含着多学科思想,各学科理论都在学校体育课程的发展过程中发挥着重要作用,同样学校体育课程研究也离不开多学科理论的支撑。本章对学校体育课程研究的哲学理论基础、生理学理论基础、心理学理论基础、社会学理论基础、教育学理论基础、课程论与系统论理论基础进行深入阐析,力求在结合和研究多学科理论的基础上,促使学校体育课程健康发展。

第一节 哲学基础

一、主体间性理论

主体间性也叫交互主体性、主体际性、在主体之间等,从本质上说是现象学的核心概念,《简明哲学百科词典》把它解释为"表征自我与他我关系的现象学概念"[①]。主体间性的主要内容是研究或规范一个主体怎样与完整的作为主体运作的另一个主体互相作用的。主体间性概念的初步含义就是两个主体间的统一性,这个概念在发展中主要涉及认识论、生存本体论、社会实践论三个不同领域,并由此产生涵义存在差异的理解。这里着重对著名

---

① 《简明哲学百科词典》编写组.简明哲学百科词典[M].北京:现代出版社,1990.

现象学大师胡塞尔的交互主体性理论进行阐析。

现象学大师胡塞尔是探讨主体间关系的第一人,他不仅建立了先验主体性现象学,还结合他人对自己的批评提出了主体间性理论,主要目的是使"人的主体性悖论"得以消解、脱离唯我论倾向。在他的早期理论里首先谈到"寻求正确的认识就要回归事物本身",如何实现"回归事物本身"呢？他运用"现象学悬搁"的方法将所有对我陌生的东西排除在外,由此促使意识自明的显现,确立了在绝对意义上无法质疑的自明性基点,就是所谓的阿基米德点,其又叫先验主观性。这种可靠反省后自明性的本质结构就是所谓的意向性,当其指向对象时往往会呈现出能动性特征、连续性特征以及构成性特征。在指向对象的过程中,胡塞尔深刻领会到以先验自我为中心实现的构造,换句话说就是主体间性理论研究的中心课题,即意识具备的特殊构造功能。具体来说,这个构造是指一个主体的意识以自我为出发点凭借移情与共现两种手段超越自我构造另一个主体的方式方法。构造对象不只是局限于单纯意义上的他物和个体,同时,它是一个他人、一个主体。他人特殊性具体反映为:不仅充当世界客体被我经验到,还充当相对于世界的主体被我经验到。这个主体犹如我一样经验着这个世界,同时就像我经验着他一样经验着我。由此不难得出,一方面自我意识并非单纯的主体和客体之间的单项构造,而是主体和客体之间的双向活动;另一方面具备认识能力的主体是复数,也是多个的。然而,内在于认识论中的主体间性沟通和共识问题演变成为认识论中的新型问题,胡塞尔指出借助先验自我构造他人不失为一种方法,"他我"在"本我"的整体构造分为4个"统摄阶段",具体就是从自我对自我身体与心灵统摄和赋义到自我对他人的身体与心灵的赋义,我在"这里",他在"那里",通过想象最终他的"那里"成为我的"这里"。换句话说,对他人身体和心理做出的统摄和认同,标志着在我之外的其他自我的构成和存在。在上述基础上我与他的"共同的世界"由此产生。先验的交互主体性对心灵的交互主体性有决定性作用,能使个体的现实交往变成可能。深入剖析主体间的认识论会发现，主体间利用"赋义""统摄"反复重申主体和主体之间理解和沟通的重要性，并由此产生共识。和笛卡儿主客体二元论相比，胡塞尔主体间性理论有很多先进成果，不但明确指出主体间性理论的理论基础就是主体之间的主观性和能动性，而且深层次探究了文化交流深层基础——人的主观性与人性。然而，现实生活中改变唯心主义依旧面临着很大难度，未能完全进入到生活世界的具体化研究中。

就传统意义上的学校体育课程来说，具体是指在师生主客关系思想充分发挥指导性作用的基础上，将学生视为体育和健康知识和运动技能的接受容器，将参与学校体育课程的学生视为和教师性质存在差异的物来培养。体育课堂教学中"见物不见人"势必会造成疏离和异化，同时，体育教育的关系会衍变成人和物之间的关系。胡塞尔主体间理论对学校体育课程产生的启迪是明确指出师生是彼此平等的主体，学生是人而并非是物，师生之间的关系是两个主体间的关系，在一定程度上提高了学生主体性；师生关系超出了主体性，同时，在逐步走向主体间性，反复重申学校体育课堂中教师和学生这两个主体间以及学生和学生这两个主体间的理解和沟通，并顺利达到共识。学校体育课程实现教学目标的首要任务是运用"现象学还原"方法使意识自明地显现出来，同时，确立一个自明性基点。就这个基点来说，教师和学生均为认识主体，学校体育课堂中具备认识能力的主体是复数且是多个的。主体间性理论在学校体育课堂中有很大的必要性，教师并非只凭借体育教材内容和学生产生联系，师生在体育与健康知识、运动技能等多个方面都在直接进行主体间双向乃至多向交流与互动，并在此基础上协同建构。其次，教师和学生凭借对自我身心和他人身心的统摄和赋义，共同构造出教师主体和学生主体之间的相同形神，促使教师和学生这两个主体之间的认识和交流变成可能，同时使两者实现精神层面的理解和共识。因此，学校体育课堂中教师和学生以及学生和学生之间实现有效互动的基础是他们均为主体，主体和主体之间存在交互性，师生之间和学生之间产生错位、矛盾、不理解或者代沟,借助悬置、还原以及构造妥善处理认识理论上的问题。

从整体来说,胡塞尔主体间性理论的思维路径为解决学校体育课堂中各主体间的关系提供了认识论的依据,为还原中学体育课堂师生关系的本真状态提供了致思取向。

二、交往行为理论

哈贝马斯是交往理论的创始人,也是世界范围内拥有巨大影响力的哲学家和社会学家,还是当代西方广泛认同的思想家。就现代西方社会目的一理性(工具理性)入侵生活世界,哈贝马斯指出生活世界的殖民化问题就是意义和自由两个方面的丧失以及过度追求工具理性,同时,在恰当时间段内提出了交往行为理论,尝试凭借交往理性化解人类出现的精神危机。哈贝马斯的交往行为理论被称为社会哲学理论的经典,对我国哲学和教育学产生了深远影响。

哈贝马斯交往行为理论的主要内容是:他把行为分成目的性行为、规范调节行为、戏剧式行为、交往行为四种类型,确定了交往行为的概念,具体就是交往行为是主体间把语言符号当成媒介,遵循相关的规范,借助对话使人们相互理解,由此实现交往双方协调一致的活动。[①] 同时,清晰指出交往行为是哈氏交往理论的核心性内容,交往行为和其他行为有多方面差异。

哈贝马斯交往行为理论对学校体育课程研究产生了很大启发:首先,这项理论明确指出体育课堂中师生之间和学生之间的关系并非目的行为、戏剧行为以及规范调节行为,相反是交互主体性的交往和互动行为;其次,体育课堂中师生之间以及学生和学生之间往往会把语言、肢体动作以及表情等当成媒介,从而实现教学相长的目标;最后,师生之间以及学生和学生之间的交往

---

① 高和荣.哈贝马斯交往行为理论的社会学探索[J].学习与探索,2004(04).

和互动符合语言、肢体动作和表情等的真诚性、真实性、正当性和有效性要求，具有交往、互动合理性意义。从整体来说，交往行为理论中充分彰显了主体间平等对话、相互尊重、民主合作、相互理解等思想，和现阶段学校体育课堂中师生互动、学生互动中的精神十分吻合。

三、交往实践理论

在马克思主体交往实践理论尚未形成前，哈贝马斯和胡塞尔论述交互主体性时倾向于研究主体之间的精神交往和互动关系。从根本上来说，属于主观意识的范畴，同时具备强烈的唯心主义倾向。而马克思主义把"交往"和人类社会实践活动充分联系起来，其学说主要由以下几方面内容组成。

马克思主义学说指出，交往实践在社会发展与历史演进过程中发挥着核心动力作用和基础性作用，充当着身处社会中的个体健康发展的基础性条件。所谓交往实践是指社会中多极主体间在改造存在联系的客体中介的基础上结成多重关系的物质活动。马克思主义学说还指出，交往实践观是人类借助交往实践反省并把握人类社会的观念，交往实践观的一个基本点就是实践具有交往性。从根本上来说，实践是人类能动改造现实世界的社会性客观物质活动，这个活动呈现出了客观物质性、自觉能动性以及社会历史性三重特征，其中的社会历史性就是所谓的实践的交往性，原因在于社会"是人们交互作用的产物"。综观实践社会历史性的发展过程会发现，这个过程也是社会中个人或者群体间的互动和交往过程。实践不单单是社会互动和交往活动，其还是主体和客体之间对象化活动以及主体之间的交往活动。这并非完全独立的活动，相反是相同社会实践活动难分难舍的两个方面。因此，实践本身存在关系性和活动性这两个范畴。具体来说，交往结构关系是以主体—主体模式为特征，而交往活动则是主体—客体模式出现的。不同主体既同中介客体构成主体—客体的对象性关系,又通过中介客体与其他主体进行交往和互动,由此顺利构建出主体和主体之间的交互关系,形成主体—客体主体间的交往互动模式。①

借助马克思主义的交往实践观审视学校体育课堂整个过程会发现,体育课堂早已不单单是以单主体的教师或学生为中心的单向互动过程,相反是多个主体的教师和学生之间以及学生和学生之间通过建构共同客体文本进行的互动和交往过程。体育课堂互动过程从根本上就是教师和学生之间以及学生和学生之间的交往实践过程。就交往实践过程来说,在关系性范畴下反映为师生、生生平等主体间的互动、交往关系;在活动性范畴下它又是师生、生生在平等民主的关系中通过中介客体改造主客观世界获得不断发展的过程。

第二节 生理学基础

本节以参与学校体育教学的青少年儿童为研究对象,着重对这个年龄阶段参与学校体育教学的生理学基础加以阐析。

一、青少年儿童生长发育的规律

人体生长发育过程是一个长达 20 年左右的连续而统一的发展过程,虽然这个过程会受到社会环境、营养、遗传以及体育锻炼等多重因素的影响,出现明显的个体差异,但也有基本规律可循。

青少年儿童生长发育的规律主要包括身体形态、生理机能、身体素质等方面,这几个方面存在着相互依存、相互影响、相互制约的关系。尽管人体生长发育是连续、统一以及逐步完善的过程,但各个年龄阶段的生长发育速度并非是匀速直线上升的,相

---

① 党建强.师生互动理论的多学科视野[J].当代教育科学,2005(11).

反具备阶段性特征与小波浪性特征。

关于青少年生长发育的相关研究表明,青少年时期的各项身体素质都会有一个发育最快的时期,人们把这个时期称之为"敏感发育期"。倘若错过"敏感发育时期",则青少年的发育会受到很大影响甚至贻误终生。在日常生活中,身体素质的高低往往会通过不同种类的活动形式呈现出来,具体包括走路、跑步的速度,投掷力量的大小等。

一般人即便不参与锻炼,身体素质同样会有"自然增长"的过程,但这个过程存在很大局限性。因此要想提高个体的身体素质,就需要坚持参与体力负荷的锻炼,从而对身体的各个组织和系统产生有效刺激。身体素质和身体形态、身体结构以及生理变化的功能存在很大联系,具体反映为身体素质越高,则在日常生活和学习中就表现得越灵敏,主观能动作用的发挥效果就会越理想。

体育教学是以学生身体练习为主要手段,以提高学生健康水平和体能水平为核心,以培养全面发展的学生为目的的教学活动。体育教学设计旨在充分挖掘体育教学在推动学生生长发育、提高学生身体机能水平以及增强学生体能等多个方面的有效性。在设计学校体育课程的教学方案时,一定要对学生的生长发育规律、有机体机能特点、各年龄阶段的身体素质特征有清晰认识。青少年儿童生理特征对体育教学设计的影响详细反映为:在分析体育教材内容、确定或创编体育教材内容时,要把青少年儿童的生理发展特征兼顾在内,保证选定的体育教材内容的载体作用发挥至最大,从而促使体育教学目标顺利达成;以学生学习需要为依据,确定体育教学中存在的问题以及学生的教学起点;制订体育教学目标、选择体育教学策略、安排体育教学过程都应严格遵循青少年儿童的生理发展特征,保证体育教学目标、体育教学内容、体育教学策略适宜有效。从整体来说,学校体育课程的所有环节都应当严格遵循学生生长发育规律,深刻认识到各项规律对体育教学产生的作用和限制,如此才能保证体育教学方案达到高效性和可行性要求。

二、动作技能形成的规律

有关运动技能的形成和发展过程存在很多种研究理论,同时,立足于多个视角阐析了运动技能的学习,具体包括认知派的整体结构理论、动力定型的纯生理学理论。在教科书中,最具代表性的是"泛化过程—分化过程—巩固过程"理论,由此实现动作自动化的终极目标,这种划分方法是基于巴甫洛夫高级神经活动学说的,为学生掌握和运用提供了很大便利。具体如下:

(一)运动技能获得阶段——泛化过程

在学习所有动作的初期,经过教师讲解和示范以及学生初步运动实践后仅能得到感性认识。在这种情况下,动作技术引发的人体内外界刺激,会借助感受器(特别是本体感觉)传到大脑皮质,使得大脑皮质细胞过渡到极度兴奋状态,此外,由于皮质抑制未能确立起来,因而大脑皮质中的兴奋和抑制反映为扩散状态,造成条件反射在短时间内的联系呈现出了不稳定性特点,并由此产生泛化现象。整个过程表现在肌肉的外表活动大多是动作僵硬而不协调,本不该收缩的肌肉出现收缩,多余动作和动作费力的情况相继产生。针对这种情况,建议教师引导学生联系自身学练体验加以讨论,和学生共同分析这个阶段动作僵硬而不协调的具体原因,指导学生就怎样应用教科书中介绍的学习策略和合作学练提示展开讨论,保证学生学习和提高运动技能的过程达到针对性要求。从根本上来说,这些现象均为大脑皮质细胞兴奋扩散的结果。

在泛化过程中,教师要紧抓动作主要环节与学生掌握动作过程中出现的主要问题开展教学活动,无需反复重申动作细节,而应当以正确示范和简练讲解促使学生高效掌握动作。

(二)动作技能改进阶段——分化过程

在持续的练习过程中,初学者要对运动技术形成大体认识,慢慢消除一些不协调动作和多余动作。在分化过程中,大脑皮质运动中枢兴奋和抑制过程会越来越集中,因为抑制过程有所强化,尤其是分化抑制有所发展,大脑皮质的活动从泛化阶段过渡到分化阶段。因此,练习过程中的绝大多数错误动作被纠正,可以相对顺畅而连贯地完成完整动作技术,这种情况下就初步建立了动力定型。但必须说明的是,这种情况下的动力定型还不巩固,多余动作和错误动作伴随新异刺激出现的可能性很大。对于这种情况,教科书提供了学习策略和自我学练提示,目的是促使学生准确找出自身在学练技术的各个阶段应对办法。

在分化过程中,教师要认识到纠正错误动作的重要性,保证学生能深刻领会动作的细节,加快推进分化抑制的发展进程,促使动作的准确性特征更加显著。

(三)动作技能稳定阶段——巩固过程

通过进一步反复练习,运动条件反射系统已经巩固,达到建立了巩固的动力定型阶段,大脑皮质的兴奋和抑制在时间和空间上更加集中和精确。此时,不仅动作准确、优美,而且某些环节的动作还可出现自动化,即不必有意识地去控制而能完成动作。在环境条件变化时,动作技术也不易受破坏。为了帮助同学理解动力定型,教师可以在实践课中让动作技术比较好的同学和较差的同学进行对比,从而帮助学生认识到通过反复练习使技术动作达到动力定型,乃至动作自动化程度的重要意义,以引导学生刻苦练习,不断提高技术水平。同时,由于内脏器官的活动与动作配合协调,完成练习时也感到省力和轻松自如。

(四)动作自动化

随着运动技能的巩固和发展,暂时联系达到非常巩固的程度以后,动作即可出现自动化现象。所谓自动化,就是练习某一套技术动作时,可以在无意识的条件下完成。其特征是对整个动作或者是对动作的某些环节,暂时变为无意识的。例如,走路是人类自动化的动作,在走路时可以谈话、看报,而不必有意识地想应如何迈步、如何维持身体平衡等。又如熟练的篮球运动员在比赛时,运球等动作往往也达到自动化程度。

自动化动作的生理机理是基于巴甫洛夫所揭示的高级神经活动的基本规律提出的。人类要想完成所有随意运动都离不开大脑皮质对的参与,但是在大脑皮质参与下产生的机体反应活动并非全部都有意识。换句话说,在无意识完成自动化动作时依旧离不开大脑皮质的参与。大脑皮质参与下产生的有机体反应,存在有意识的和无意识的两种情况。

新课程的内容标准由五个学习领域组成,分别是运动参与、运动技能、身体健康、心理健康和社会适应。具体来说,运动技能学习领域直接体现了体育与健康课程以身体练习为主的本质特征。运动技能同样是达到其他领域学习目标的一项可行性方式。因此,当运动技能教学不复存在时,体育教学存在的价值就无从谈起。运动技能教学依旧是学校体育教学的核心。在体育教学设计中,运动技能形成规律主要作用的对象是体育教学目标制订环节、体育教学策略选择环节、体育教学过程组织与实施环节。教师要想使知识和技能学习目标以及体育教学方式方法达到相应的要求,要想使体育教学过程顺利实施并产生控制作用,就一定要严格遵循运动技能形成规律。由此可见,学校体育课程研究一定要遵循运动技能的形成规律。

三、学生身体机能适应规律

适应是有机体内部环境和外部环境持续取得平衡的过程。一般来说,人体各器官系统的活动存在着制约和协调的双重关系,同时处在比较平衡的状态。这里所说的比较平衡的状态是人体生命存在以及人体机能正常活动的必要条件,人体机能适应性规律。

就运动过程来说,人体机能变化往往会经历四个阶段:第一阶段是工作阶段,即人体各器官机能的活动与能量合成水平大幅度提升,但体内贮备的能源会循序渐进地消耗掉;第二阶段是相对恢复阶段,即人体机能恢复到运动前水平;第三阶段是超量恢复阶段,即人体经过休息后能源贮备和技能水平超过以往;第四阶段是复原阶段,即运动痕迹效应循序渐进地消失,人体机能再次恢复到原有水平。以人体机能变化的规律为依据,首次运动结束后,第二次运动只有在超量恢复阶段开始,人体机能才有可能呈现出持续增强的趋势。

当外界环境产生变化时,机体内部环境的相对平衡会被破坏,体能各项功能被迫要重新调整,从而达到机体内部环境和外部环境维持相对平衡的目的,这就是所谓的生物适应过程。在学校体育课程中,学生身体机能适应规律就是学生在经历系统性的体育教学和运动锻炼过程中,身体内部会慢慢形成一系列生化方面和物理性方面的变化,这些变化会伴随经历体育教学活动的锻炼时间迁移形成量的积累,身体机能慢慢适应并有所提升。

第三节 心理学基础

一、动机理论

针对学习者的动机,心理学家将其划分成内部动机和外部动机两种类型。具体来说,内部动机是指个体行为不需要外力作用的推动,完全是由个人兴趣或者好奇心引发的;外部动机是指个体并非由自身内在需求引起的,而是由和自身不存在内在联系的外部刺激或者原因影响进而采取的行动。对于学校体育课程来说,学生的内部动机和外部动机都至关重要。

(一)强化理论

联结主义学习理论家提出了强化学习动机的强化理论。他们认为,动机是由外部刺激引发内心对行为的冲动力量,并强调强化可以解释动机的引起原因与作用。用他们的观点来说,学习者的学习倾向完全取决于以前学习行为与刺激因强化而建立起来的稳定联系,同时,强化可以增强学习者在学习过程中发生反应的频率和强度。刺激与反应之间的联结是联结主义强化理论的核心概念,因此,他们认为,为了联结得到加强和巩固就需要不断强化。由此不难得出,所有学习行为都旨在获得某种报偿。

因此,他们倡导在学校体育教学中采取奖赏、赞扬、评分等外部手段把学生的学习动机激发出来,进而引出学生相应的学习行为。毋庸置疑的是,强化理论在学校体育课程中发挥着至关重要的作用,同时,学校体育课堂学习活动中的强化有外部强化和内部强化之分。强化动机理论片面重申引起学生学习行为的外部力量是外部刺激,忽视乃至否定了学生的自觉性和主动性,换句话说就是所谓的内在需求,所以说这项动机理论存在很大的局限性。

(二)需要动机理论

从某种程度来说,20世纪中期出现的需要动机理论弥补了强化理论的很多不足,同时,这也是人本主义心理学理论在动机领域中的具体反映。需求动机理论的代表人物马斯洛认为:人有不同层次的需要满足,人的基本需要包括七层,它们由低到高排依次排列为:生理的需要、安全的需要、归属和爱的需要、尊重的需要、认知的需要、审美的需要和自我实现的需要。[1] 除了有层次高低的分别以外,人的基本需求也有前后顺序的分别,当个体的低

---

[1] 王惠萍.教育心理学[M].北京:高等教育出版社,2011.

层次需要被满足以后,个体才有能量和动力产生高层次的需要。立足于个人需求层次来分析,个体需要的最高级别就是自我实现,具体是指认知、审美、个性发挥、潜能挖掘以及自我价值的实现等。立足于学生心理的视角来分析,他们进行学习旨在追求自我实现,即自我实现是学生十分关键的学习动机之一。要想达到自我实现层次,首要任务是满足学生前六个层次的需求,所以说,学校体育课堂上必须关爱学生和尊重学生,为学生提供良好的互动环境,保证学生拥有强烈的安全感和归属感;同时,学生要想达成自我实现,离不开和老师及其他同学的有效交往和互动,从根本上来说,这种需要是他们学习行为的原动力。由于学生自我实现需要是动态地朝前发展,因而教师应基于满足学生合理需要来促使学生形成更高层次的自我实现,想方设法使学生一直拥有较强的学习动机和兴趣。由此不难得出,需要动机理论是学校体育课程研究的理论基础。

二、加德纳的多元智力理论

美国哈佛大学教育研究生院心理学和教育学教授霍华德·加德纳在1983年发表的著作《智力结构》一书中提出了多元智力理论。其对智能的定义:"智能是在特定文化背景下或社会中解决问题或制造有价值产品的能力。"[①]这项理论从实际分析中阐明了人的智能是多元的这项理论创见。换句话说,这项理论指出智力并非是一种简单到可以完全用纸笔测试来衡量的东西,也并非只有少数人才具备,相反是每个人都或多或少地拥有,同时能在各自社会和文化生活的方方面面反映出的能力。此外,每个人至少具备言语语言智能、逻辑数理智能、视觉空间智能、音乐音调、旋律、节奏以及音色等智能、身体肢体运动智能、人际—交往智能、内省—自我反省智能和探索—自然观察智能这八项智能,但

---

① 吴志宏.多元智能理论、方法与实践[M].上海:上海教育出版社,2003.

这八种智能在每个人身上的表现存在一定差异。恰恰是这八种智能的不同组合使人们在智能类型方面显现出了鲜明的独特性特征。

首先,这项理论对学生的个性和差异性持肯定态度,为学校体育课程主体间性打下了理论基石。教师应具有多元智能思维认知,具备积极向上的学生观,全方位了解和尊重学生智能特征,在课堂互动设计中充分兼顾了学生个体差异,互动实施过程中深入理解"运动技能学习不良的学生",尽全力创设适宜"运动技能学习不良的学生"发展的互动环境,在体育课堂上不单单能给予学生平等的互动机会,还能用耐心和热情挖掘学生的智能品质等能力。同时教师在和学生互动过程中还应做到晓之以理、动之以情,和学生构建良好的主体间性关系,促使主体间性教学目的观渗透在体育课堂互动的整个过程,设法使全体学生都获得教师的科学指导与帮助,从而使全体学生在个性发展、潜能开发、创造力发挥、智能发展四个方面都迈向更好的方向,由此达到全体学生获得最大限度发展的目标。

其次,加德纳的多元智力理论证实,智能由八种元素构成,这八种智能在环境作用和科学训练后均能提升至崭新的高度。作为学校,应当树立"健康第一"的指导思想,一方面密切关注学生身体健康的教育;一方面高度重视学生的运动参与情况、体育健康知识储备情况、运动技能提升幅度、心理健康水平、社会适应能力培养情况。

第三,多元智力理论反复重申多种智能的位置同等重要,反复重申智能发展要达到多样性要求,所以说组织和开展体育教学活动的教师要具备多元化的评价观,要自觉舍弃仅仅以体育健康知识储备和运动技能水平为核心评价和选拔学生的方式。在评价学生的过程中,要以学生运动参与、身体健康、心理健康以及社会适应等各个方面为依据,通过多个渠道并运用多种形式在多种体育课堂互动情景下完成,切实评价出学生解决问题以及创造有价值产品的能力。借助科学可行的评价方式,引导学生逐步了解自身的优势智能领域,全方位了解自身从事优势智能领域的相关活动时具备的智力特征,帮助学生把优良品质逐步迁移至智能弱势领域中,充分挖掘和发挥智能强项对智能弱项的带动作用,由此达到多元智能全方位发展的目标。

三、维果茨基的最近发展区理论

20世纪30年代初,苏联心理学家维果茨基为儿童心理学的研究引入"最近发展区"这一概念,提出他的著名论断,即"良好的教学应走在发展前面",并指出教学的着眼点是要能看到儿童的明天,即"判断并明确儿童发展的动力状态"。在维果茨基之前,教育与心理学界专家和学者普遍认为,"发展理应走在教学的前面的"。

维果茨基的"最近发展区理论"指出,学生的发展应具有两种水平:第一种是学生的实际发展水平,即在独立处理问题的过程中,学生所具有的心理发展水平;第二种是学生潜在发展水平,即学生在教师指导下或与能力更强的同伴互动合作处理问题中具有的心理发展水平。学生实际发展水平与潜在发展水平之间的差距就是最近发展区。[①] 教学应着眼于学生的最近发展区,让学生学习稍有难度的内容,使他们产生学习动力,从而调动其学习的积极性,发挥其潜能,超越其最近发展区而达到其有难度企及的水平,然后在此基础上不停顿地把其智力引导到更高的水平。换句话说,维果茨基最近发展区理论强调教学不只是适应发展的现有水平,而应进一步适应"最近发展区",从而逐渐走到发展的前面,最终一举跨越"最近发展区"而达到新的发展水平。

就现阶段来说,学生在发展过程中只有和老师以及同伴们相互关系和共同活动才能得以实现,但这种互动发展进程后才能演变成学生本身的内在财富。所以说,教学创造着最近发展区不单单反映在师生互动教学中,也反映在学生和水平较高同伴的互动

---

① 李京诚,孙伟.体育合作学习的理论基础[J].首都体育学院学报,2004(03).

与合作中。由此不难得出,最近发展区理论和合作学习存在着顺承关系,同时为学校体育课程健康发展奠定了理论基础。这里借助建筑行业的脚手架概念形象地提出了支架式体育课堂有效互动模式:体育课堂互动教学也应在最近发展区内开展,教师首要任务是以学生运动智能的"最近发展区"为理论基础给学生搭建学习支架,利用支架(教师或能力更强的同伴的帮助与引领)将体育知识和运动技能学习的任务慢慢从师生互动变成生生互动。在此基础上慢慢撤去支架,要求学生仅凭自身能力学习和建构体育知识与运动技能,进而从根本上促使互动教学走在学生发展之前,促使学生掌握、内化、建构促使自身从事高级认知活动的体育健康知识和运动技能。学生储备丰富体育知识和更高运动技能后即可脱离支架前往更高难度,随后基于此连续借用建筑行业的脚手架概念引领体育知识和运动技能朝着更高水平发展。以一堂啦啦操组合动作教学课为例:首先,教师制订的教学目标务必要和学生认知基础、情感规律、运动技能掌握规律相吻合;其次,教师教授一组对称性组合动作时,不仅要保证师生互动的有效性,也要科学示范讲解单侧完整技术动作,保证学生对技术动作构建完整概念;第三,充分发挥科学分组的作用,加强能力较强学生和能力较差学生的互动,教师也要高质量完成提示工作或者矫正工作;最后,引导学生探索性学习另一侧技术动作,教师在学生学习过程中适当提示,由此使学生顺利建构健美操组合动作。

第四节 社会学基础

一、符号互动理论

符号互动理论又叫符号相互作用理论,创立于 20 世纪 30 年代的美国,具体是指基于深入剖析日常自然环境中人们的互动来探究人类群体生活的社会学理论派别。美国社会学家米德是首位在理论中提出"符号"一词的人,同时在其所著的《心灵、自我与社会》中详细论述了心灵、自我与社会的概念与内涵。在此基础上,布鲁默继承和发展了米德的思想,并建立了符号互动论理论。除了米德、布鲁默以及库恩,托马斯、库利等人也对符号互动论作出了重要贡献。经过发展,符号互动论理论后面形成了以布鲁默为首的芝加哥学派和以库恩为首的衣阿华学派,在研究方法等问题上他们都有自己独特的见解。

库利提出"镜中我"概念,反对个人与社会二元化,用以强调个人与社会之间有机的、稳定的联系。库利指出,问题的关键并不取决于个人和社会的先后次序或者哪方占据优势地位,应着重思考的是个人如何存在于群体中和群体如何存有个人。"镜中我"象征着个体可以将自身视作一个对象,同时,立足于其他人的立场审视自我,对自身进行重新判断和评价。通常情况下,人们在和其他人交往过程中会通过他人对自身印象的反馈来对自身行为作出评价。和他人的信息交流犹如一面镜子,有助于个体形成自我概念。简单来说,库利是将社会想象成一群互相想象着的个人。米德评价库利的理论时指出,库利这种内省方法的不足之处是只提出了心灵是彼此作用的自我的活动场所,没有详细阐析心理活动的规则。为此,米德立足于外在实践经验和内省意识两个层面阐析自我的发生,同时把心灵的自我和社会的互动充分联系在一起,并在基础上指出社会是一群互动的人,心灵基于社会互动得到反思以及创造能力,自我由此形成。自我的形成并非是静态想象过程,相反是社会互动过程。基于米德互动理论发展而来的布鲁默符号互动理论主要立足于微观层面研究具体情境中人的互动,具体就是人们相互作用发生的方式、规律以及机制。布鲁默符号互动理论的主要观点是:第一,互动是人类个体持续发展的基础,也是社会生活的基础;第二,符号是指在某种程度上拥有象征意义的事物,也是人与人互动的媒介,还是社会生活的重要基石,身处社会中的个体间互动是以不同种类的语言、文字、手势、行为、物品甚至场景等符号为中介,利用解释代表行动者行动的符号所包含的社会意义而做出反应来实现的,其中个体充当着自身行为的建构者;第三,个体的自我与心灵是互动的结果,其中自我具体是指角色扮演,也就是将自我视为情境的适当客体,在此基础上完成和其他人的交往活动,个体对情境的理解深度以及对符号的解释能力和运用能力都会对角色扮演好坏产生决定性影响;第四,社会的形成与变化过程是互动的结果,社会从根本上说就是稳定性较高的互动模式。从整体来说,符号互动理论高度重视个体主观因素以及自我,反复重申人同时充当着主体和个体;在一定程度上加大了对微观层次社会互动的研究力度,明确指出每个人都存在不一样性,把针对个体之间的互动过程的研究置于重要位置;重视对实际生活中互动过程的研究,具体就是考察经验世界以及倡导在生活实践中整合理论。

开展体育课堂教学不能脱离互动,提高学校体育课程的整体效率同样不能脱离有效互动,从某种程度来说符号互动理论在体育课堂教学中有深远意义。符号互动理论视野下的"体育课堂"一词可以从两个视角进行考察:从物理空间角度看,体育课堂的特殊性在于它不是教室,而是以体育场馆的存在为基础的;从场域的视角看,体育课堂并非局限于物理形式的存在,还指由师生共同构成的围绕某一教学目标双方进行互动的"场",这是一个包含了物理、社会以及心理的统一体的"场"。因此,体育课堂互动情境既包括物理空间,又包括这个师生、生生进行互动的"场"。学校体育课堂有效互动的本质就是一个符号互动场域,在这个场域中教师的首要任务是界定和分类不同种类的体育课堂情境,保证自身能和周边的学生以及事物达到相互调适、相互融合的状态,同时教师要擅长借助自我智慧探索出和学生共处的情境,将自身视为特定体育课堂情境中的客体,顺利完成角色扮演者的相关工作。运用、识别、解释语言、手势、动作以及表情等拥有象征意义的符号,促使教师和学生的互动以及学生和学生的互动达到有效性要求,科学塑造出积极自我,在此基础上实现人的社会化以及体育教学相长。但需要说明的是,符号互动论未认识到社会结构对体育课堂生活产生的作用,所以,学校体育课堂中要注意这项理论的局限性,立足于多个视角剖析社会现象和个体行为以及解决问题的过程。

二、群体动力理论

群体动力理论也叫团体动力学,创始人是德裔的美国社会心理学家勒温。勒温借鉴物理学中磁场的概念,提出一个人的行为与心理取决于外部环境和内在需要的相互作用。因此,测定个体行为和心理务必了解完成该行为的外在情境因素以及内在心理力场。分析勒温"场"理论会发现,其起初仅仅是研究个体行为,随后,他将早期研究个体行为的心理动力场应用在群体行为动力场以及社会问题的研究过程中,明确指出群体是个体动力的整体,而并非是多个个体简单叠加的结果。从本质上来说,它造成动力群体成员之间相互依赖(相互依赖通常有共同目标设立),其中,群体内每一位成员的变化都有赖于群体内其直接交往或者间接交往的其他人的变化,换句话说就是个体发展受其直接交往或者间接交往的其他所有人发展状况的影响。除此之外,勒温还指出"群体动力"的概念。

具体来说,"群体动力"是指群体活动的方向,研究群体动力就是要研究作用于群体活动动向的具体因素。群体活动动向同样是群体内部力场和情境力场彼此作用的产物。群体动力理论旨在精准找出群体行为和群体中个人行为的动力源,通常着重从社会环境与心理两方面找出群体与个体行为的动力。勒温指出,要想使群体中所有个体朝着更好的方向发展,最有效的方法就是改变其生活的群体,因为所有人均有群体归属感且不愿被所在群体抛弃,所以说,要先从群体着手往往比直接改变个体的效果显著很多。

群体中个体之间通过相互影响和作用,群体动力反应就会在群体内部呈现权威、同伴依慕、利群行为、共生、合作、竞争等关系。

一般的群体动力系统包含凝聚力、驱动力、耗散力三个要素。具体来说,凝聚力是群体稳定的重要保证因素,驱动力是群体演变和发展的主要动力因素,耗散力则是破坏群体稳定和演变、降低群体绩效的不利因素。群体动力系统的三项要素同生且共存在群体中,这三项要素存在着相互抗衡、相互作用、相互消化、相互转化的关系,并在此基础上为群体演变和群体发展注入推动力。

(一)凝聚力

群体凝聚力就是把个体吸引并维系起来,保持个体间互相吸引关系模式的情感因素。就群体系统而言,群体成员精神充实程度属于凝聚力中作用最显著的因素,而且群体凝聚力会随着个体精神充实程度的提高而增大。具体反映在两个方面:

一方面,目标凝聚力群体目标是促使凝聚力得以形成的一项关键性因素。个体目标往往会受到群体目标的吸引和作用,同时慢慢将群体目标内化成自身目标,在此基础上会大大增加形成群体依赖和归属心理的可能性,尤其是在目标有一定挑战,同时能全面反映个体自身价值时,这种吸引作用会朝着更强的方向发展。

另一方面,归属离不开物以类聚和人以群分。归属群体能使个体的安全感倍增,个体依靠群体往往能互帮互助以及弥补和分担压力,增强信心这种归属属于新个体很突出的需要;归属群体属于归属感,如此能调动学生参与到成绩好的群体中的主观能动性。简单来说,归属群体能使个体时刻感受到鼓舞和鞭策,提高个体的学习效率。

对群体来说,适当的环境影响同样是一种有效的凝聚因素。其一,群体内规范的约束能增强群体内的稳定性,能对个体间的团结协作产生积极作用;其二,群外挑战和影响会促使他们精诚团结、携手进步。

(二)驱动力

群体的驱动力是加速群体发展变化、产生群体效应的动力因素。[①] 群体内部个体的追求、能力、兴趣、意志、品质等是群体驱动力的原动力。在群体中,这些原动力会相互激发、共同作用,最终能产生更高于个体的效应。

(三)耗散力

就一个群体来说,除相互激励形成的凝聚力和驱动力以外,相互摩擦同样会形成一种耗散力,这种耗散力不但会对群体内部个体间凝聚程度以及融洽氛围产生破坏作用,而且会对群体绩效产生负面影响,所以,我们要尽全力规避。

群体动力学的研究给学校体育课程研究带来了诸多启示,同时对学校体育课程研究提供了理论支撑。这里所说的"群体"具体是指以共同教学目标为基础,由两个或者两个以上学生构成的存在依赖关系和影响关系的有机结合体,体育课堂教学班本身就属于社会团体之一,体育课堂互动过程在一定程度上就是团体过程。就体育课堂有效互动来说,群体动力学不但是作用于团体的过程,而且是推动群体效能有效发挥的过程。

第五节 教育学基础

一、教学过程最优化理论

20世纪70年代初期,苏联教育家巴班斯基提出了教学过程最优化理论。这项理论建立在系统方法论的基础上,借鉴了现代系统论的原则与方法,对现代教育教学理论与实践进行全面系统

[①] 侯元丽.课堂有效互动研究[D].上海:华东师范大学,2009.

的研究和探索。巴班斯基的教学"最优化"理论对学校体育课程研究产生的启示如下：

(1)体育课堂有效互动主要可分成互动的设计、互动的实施、互动的结果和互动的反思四个组成部分,但他明确指出教师互动教学时一定要牢牢树立互动教学的整体观,同时,促使体育课堂有效互动各个部分的整体功能发挥至最大,由此在规定时间内使体育课堂互动效果达到最大化。

(2)在一定程度上,应把体育课堂互动的实际效果理解成教学最优化理论所提出的"以最少的必要时间和精力,争取最大可能的教学效果"。有效体育课堂互动包含互动效果、效率、效益。以教学最优化理论为出发点和立足点改善体育课堂实际效果,并非是着眼于学校体育课堂互动过程各个变量的定量与推演,相反是着眼于体育课堂互动过程的最优效果和效率。

(3)要想使学校体育课程研究的效果达到最优化,基础性条件就是达到学校体育课堂教学的最优化。具体来说,要在严格遵循体育教学规律的基础上,在把师生以及生生互动的互动环境、互动深度、互动广度、互动内容、互动技巧、互动生成以及学生特点纳入考虑范围的基础上,制订并实施能使师生耗费最少时间和精力且获得最佳体育教学效果的教学方案。学校体育课程是由诸多因素构成的系统,只有把各项因素之间有规律的联系纳入考虑范围,把关键和本质的东西作为依据,才有可能挑选出最佳方案,同时结合学校体育课程的实际情况,并按照相关的教学标准来推动学校体育课程获得最理想的效果。

二、有效教学理论

有效教学理论是教育学理论的重要分支之一。它不仅是理论和应用有机结合的一门科学,还是在研究教学中多种现象和问题的基础上揭示教学内部一般规律,研究遵循教学规律解决教学实际问题的方式方法。从某种程度上来说,有效教学理论是描述性理论,也是处方性与规范性理论。

有效教学是体育课堂有效互动的关键性理论依据,特别是立足于效果、效益、效率以及学生参与度和发展度两个角度阐析有效教学的"有效性",能对学校体育课堂有效互动"有效性"的阐释产生启发。具体如下:

一方面,立足于经济学视角来分析,体育课堂有效互动中"效果"是指体育课堂互动结果与预期体育课堂互动目标的吻合程度;"效率"指一定体育课堂互动投入内,产生了尽可能多的互动产出,换句话说就是参与学校体育教学的师生之间和生生之间通过短暂互动往往可以高效达到既定的互动目标;"效益"是指经过师生之间和生生之间的互动活动,不仅实现了互动教学的价值和目标,同时,互动结果和预期互动教学目标相吻合,与个体和社会的教学需求相吻合。

另一方面,学生的参与度和发展度好似是表征体育课堂互动有效性的重要标准,但体育课堂互动的有效性还包括:体育课堂互动设计的科学性、可行性以及全面性;体育课堂互动实施过程的合理性以及动态生成性;体育课堂互动结果体现出来的学生进步幅度;体育课堂互动反思的及时性与全面性。

第六节 课程论与系统论基础

一、学校体育课程研究的课程论基础

(一)人文主义者的课程理论中的体育课程

人文主义是以城邦国家出现为背景,作为崭新思想潮流反映出来的,同时,在14世纪和15世纪达到顶点。从本质上来说,人文主义以"人的尊严"为基础,不断追求人的价值,积极探索和研究人的本性。因此,人文主义把儿童作为人这一整体进行全面培

养为中心课题。

人文主义的首个教育宣言是由韦杰里奥做出的。为达成人类历史上获得的认识和知识的总体的统一性,并且把人类自身的潜力充分发挥出来,韦杰里奥大力提倡"自由教育",同时,以此为依据创立了有关自由体的全面的人的形成论。他明确指出,教育离不开心智训练和身体训练这两大支柱,心智训练基本科目是历史与道德、诗歌与音乐、数学、天文学和自然学,身体训练的科目是游戏、体育、军事训练。

维多里诺是描述体育课程设置的第一人,他大力倡导身心兼顾、德智并重、发展儿童个性与培养社会责任感相结合的教育,设置了以古典语文为中心的多门学科。维多里诺指出,身体康健是智力健康发展的基础条件,设置的体育课程有骑马、射箭、击剑、角力、游泳、音乐、舞蹈和唱赞美诗等活动。

(二)杜威的课程论思想中隐含着体育课程的元素

约翰·杜威是美国著名的哲学家、心理学家、社会学家,也是20世纪最伟大的教育哲学家。1902年,杜威出版的《儿童与课程》被认为是对课程问题最早、最系统的论著之一,而1916年出版的《民主与教育》则被认为是自1906年以来对学校课程领域影响最大的两本著作之一。

杜威创造性地确立了四个教育哲学命题,即"教育即经验的不断改造""教育是一个社会的过程""教育即生活""教育即生长"。就教育目标来说,杜威和进步主义的课程思想反复重申要把社会发展目标和个体发展目标进行有机统一。就社会发展目标来说,其反复重申要发展社会民主和自由的重要性;就个体发展目标来说,其反复重申良好教育目标不单单要把受教育者具体的个人固有活动和需要纳入考虑范围,也要能转化成受教育者的活动加以合作的方法,还要保证不是一种抽象与终极的目标。在学习内容方面倡导把儿童活动设定为中心来选择和确定学习内容;学习内容的组织要达到心理学化的要求,反复重申学习内容组织综合化；把"主动作业"当成主要课程形态。针对学习方式提出了"从做中学"的观点以及"五步思维"和"五步教学法"。

二、学校体育课程研究的系统论基础

系统科学是马克思主义的唯物辩证法普遍联系原理的具体化和深化。系统科学是研究事物整体联系和运动发展规律的科学，将系统科学的思想原则作为学校体育课程研究的方法论基础，具有一定的理论意义与实践价值。在书中，"体系"和"系统"是两个含义互通的名词，系统多用于系统科学理论本体及应用研究，体系多用于体育课程的构成要素；系统是体系的科学依据，体系是系统性的研究成果。

（一）系统科学的基本理论原则

系统科学的思想原则和方法着重反映在整体性、有序性、动态性、开放性和最优化等几个方面，具体如下：

整体性是指认识主体一直都将研究对象当成一个整体，认为世间所有事物和过程并非是在相互孤立的状态下无序的偶然堆积，相反是一个存在内在规律且由多重因素构成的有机整体。系统整体的性质与规律仅在相关要素的有机联系以及彼此作用中能找到，各项要素的孤立活动的特征无法体现出系统整体的功能与特征，简单来说就是整体比构成整体的各部分之和大。

有序性是指系统内部要素的相互联系及组织结构的层次性和等级性。任何系统均是由要素组成的，系统和要素之间的差异是相对而言的，系统只是相对于构成它的要素而言才是系统，相对于由其他事物构成的更大的系统，则又是一个要素，同时也可将其称为一个子系统或分系统。由此可见，系统集层次性特点和等级性特点于一体，系统中要素的组织结构方式（要素活动的秩序）能对系统功能产生决定性作用。

系统的动态性和开放性存在紧密联系，每个系统都不是凝固不变和孤立存在的,系统往往会在和外部环境相互作用的过程中对自身要素以及自身结构加以调整,系统在从无序到有序、低序向高序和从有序又向无序的反复过程中,通过整体性运动方式逐步形成、演化以及发展。除此之外,最优化则是借助系统科学方法深入研究问题的终极目标。

从整体来说,系统科学研究方法一直都着眼于要素、结构、功能与所处环境的相互联系和制约的关系中,综合分析系统中各项要素的结构功能,按照既定目标高效构建和配置系统中的相关要素,从而使系统产生结构最优化以及功能最优化的总体效应。

(二)学校体育课程的层级结构

系统的本质特性就是整体性,其之所以具备整体性是因为组成系统的各项要素之间存在有机联系,同时反映出特定的层次等级,有序性是整体性的来源。由此不难得出,学校体育课程研究应当从两方面着手,一方面是学校体育课程体系的要素是通过哪种层次结构形成整体联系的;另一方面是学校体育课程体系的整体性形成的过程和方式方法。学校体育课程体系构成如下:

研究学校体育课程体系就是在哲学、社会学、心理学、体育学基础上,融合系统论、课程论等相关理论,以体育课程的目标、内容、实施和评价四个分系统为纬,以大中小学体育课程四个子系统为经,纵横贯通、依序连接、内外联系,构建成一个整体的学校体育课程体系(图2-1)。

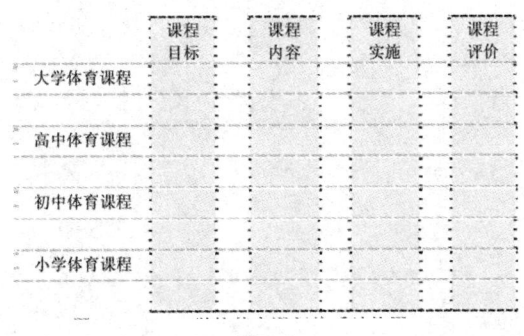

图 2-1

从纵向的角度来分析,就是小学、初中、高中、大学四个子系统的纵向衔接。具体要求是所有子系统的目标、内容、实施、评价都应当严格遵循各学段学生的年龄特征以及运动技能形成发展规律,在此基础上逐步构建分层递进、螺旋上升、和谐衔接的有机联系。

　　从横向的角度来分析,具体就是体育课程的目标、内容、实施、评价这四者的横向贯通,其要求所有分系统都必须落实到小学、初中、高中、大学四个子系统之中去,同时严格遵循体育的规律,保证体育课程目标、内容、实施、评价相互联系、相互依存、和谐贯通,最终达到分系统自身构建的整体性要求。

　　从整体来说,学校体育课程研究就是在运用系统科学的思想方法的基础上,全方位分析大中小学四个子系统和目标、内容、实施、评价分系统,按照科学可行的方法配置出在时间层面具备全程性特点、在空间层面具备全面性特点以及能形成更大整体效应的体育课程体系。

第三章 学校体育教学目标体系的构建研究

学校体育课程体系所包含的内容丰富而广泛,学校体育教学目标体系就是其中的一个方面,它在整个体育课程体系中有着非常重要的地位和作用。体育教学目标是学校体育教学实施的一个重要方向,具有积极的引导作用,因此,在建设和发展学校体育课程体系过程中,构建学校体育教学目标体系是非常重要且必要的。本章首先对体育教学目标的基本知识进行了阐述,在此基础上,对不同层次体育教学目标的制订以及体系构建进行了剖析和探索,由此能够使人们对学校体育教学目标体系有全面且深入的了解和认识,为后面其他体系的实施起到积极的引导作用。

第一节 体育教学目标概述

一、体育教学目标的概念

(一)体育教学目标及其相关内容

体育教育所涉及的内容是非常丰富的,其中,有一些是与体育教学目标有着一定的相关性的,如体育教学目的、体育教学任务等。人们往往会将体育教学目标与这两个方面混淆。在这样的背景下,为了使人们能够对体育教学目标有一个准确、深入的了解和认识,这里就对体育目标与体育教学目的、体育教学任务的相互区别与关系加以剖析,然后为体育教学目标的概念界定奠定坚实的理论基础,提供必要的依据和支持。

1. 体育教学目标与体育教学目的

对体育教学活动在学生身心发展变化方面所应该起到的作用的总的设想或规定,就是所谓的体育教学目的。从某种程度上分析可知,体育教学目的是体育教学领域里以教育目的的实现为依据而提出的一种要求,且这种要求具有显著的概括性、总体性特点,其会在一定程度上制约着各个教育阶段的体育教学发展趋势和总方向,同时,还对整个体育教学活动起着统贯全局的作用。

为了有效区分体育教学目的与体育教学目标,使两者之间的误解消除,下面就对两者之间的联系与区别加以分析。

(1)体育教学目标与体育教学目的的联系

体育教学目标,实际上就是具体化的体育教学目的,可以说,两者的方向性质上是一致的,即都是最终所作出的规定,作出规定的依据主要是教学总目标对体育教学活动提出的要求。

(2)体育教学目标与体育教学目的的区别

体育教学目标与体育教学目的之间也存在着较大的区别,主要表现在以下几个方面(表3-1):

表3-1 体育教学目的与体育教学目标的区别

	意义	作用	稳定性
体育教学目的	是体育教学的方向目标,其所具有的意义是终极的	是对体育教学的总体要求,对各级各类学校的所有体育教学活动都起指导作用	常常体现着社会的意志和要求,具有主观性和指令性,在一定时期是相对稳定的
体育教学目标	是体育教学的达到目标,其所具有的意义是阶段的	是对体育教学的具体要求,其所能够产生规范作用的范围是特定的,具体来说,主要涉及某一阶段、某一单元、某一课时等的体育教学活动	体育教学活动主题的要求上能够将体育教学目标的稳定性体现出来,除此之外,也能够体现出线组合的客观性和自主性特征,具体可以在实际体育教学活动中以需要为依据来进行适当调整和变动

2. 体育教学目标与体育教学任务

体育教学任务与体育教学目标之间的关系也是较为密切的,具体来说,要想使体育教学目标得以顺利实现,那么,体育教学任务就是必不可少的。体育教学目标与体育教学任务的范畴是相同的,但是两者之间也存在着一定的差别(表 3-2)。

表 3-2　体育教学任务与体育教学目标的区别

	体育教学任务	体育教学目标
教学主体	以体育教师为主体	以教师为主导、学生为主体
详略程度	比较笼统,分不出阶段和层次	对体育教学过程的阶段、深度、层次有明显的限定
可操作性	是体育教师对体育教学的期望,在质和量的规定性方面是较为欠缺的,观察和测量以及对结果的评级都难以进行	具体化和量化体育教学任务,能够观察、测量,并将其作为评价的依据
掌握情况	一般为教师所掌握	师生都要明确和掌握,学生可以体育教学目标为主要依据来进行自我学习和自我检测,这对学生的学习主动性和学习兴趣的提高是非常有帮助的

3. 体育教学目标、体育教学目的、体育教学任务三者之间的关系

通过对体育教学目标与体育教学目的和体育教学任务之间关系的分析中可以得知,这三者之间是有着一定联系的,且联系较为紧密。具体来说,这三个方面之间的关系如图 3-1 所示。

```
体育教学目的
    ↓
  体育教学任务
      ↓
    体育教学目标
```

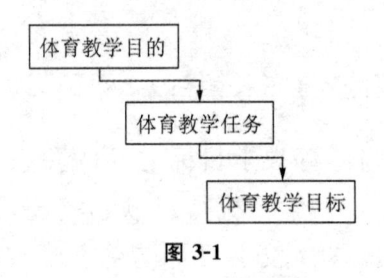

图 3-1

从上图中可以直观地看出,体育教学目标是体育教学的重要方向因素,其功能显著,除了定向、定位功能之外,定标、定量功能也非常重要。某种意义上,体育教学目标有着重要意义,这不仅表现在其是搞好体育教学工作必须认真研究的教学因素,同时,也表现在其是近年来体育教学目标在体育教学改革中备受关注的重要原因。因此,重视体育教学目标是非常重要且必要的。

(二)体育教学目标的概念界定

通过对体育教学目标与体育教学目的和体育教学任务之间关系的分析中可以得知,已经充分了解和认识了这三者之间的联系、区别,以此为依据,可以将体育教学目标的概念界定为:体育教学目标是学校体育的下位目标之一,它是指在一定的时间和范围内,体育教学中师生通过努力所要达到的最终目的,即预期所要达到的教学结果的标准、规格或状态。①

二、体育教学目标的分类

体育教学活动本身具有一定的特殊性,因此,对动作技能领域的研究是非常重要的一个重点,同时,也不能将认知领域目标与情感领域目标的研究忽视掉。

具体来说,体育教学中不同领域的目标所具有的分类方法也是不同的,具体如下:

---

① 龚坚.现代体育教学论[M].重庆:西南师范大学出版社,2009.

（一）体育教学中认知领域的目标分类

以从简单到复杂的顺序为依据,可以将体育教学中认知领域的教学目标大致分为六个层次,即知识、领会、运用、分析、综合、评价。需要注意的是,后五个层次属于理智能力和理智技能的范畴(表3-3)。

表3-3　认知领域的教学目标分类

层次	一般目标举例	行为动词
1.知识	要充分了解体育领域的名词和基本概念	界定、描述、指出、列举、选择、说明
2.领会	对动作要领和有关知识充分了解外,还要在形式上转变相关知识	转换、区别、估计、解释、归纳、猜测
3.应用	将相关概念及原理应用于新情况中,同时,也要将相应的定律及学说应用于实际情况中	改变、计算、示范、发现、操作、解答
4.分析	对资料的相关性加以评鉴,并对作品的组成结构加以分析	关联、选择、细述理由、分辨好坏
5.综合	写出一组完善的动作要领	联合、创造、归纳、组成、重建、总结
6.评价	通过内在标准的应用对所学内容的价值加以评定;通过外在标准的运用对所学内容的价值加以评价	鉴别、比较、结论、对比、检讨、证明

（二）体育教学中情感领域的目标分类

按照价值内化的程度这一重要标准,可将体育教学中情感领域的教学目标分为五个类别或者说五个层次(表3-4)。

表 3-4 情感领域的教学目标分类

层次	一般目标举例	行为动词
1.接受	认真听讲,能够显示对学习的重要性以及体育锻炼的敏感性的了解,具有一定参与到体育活动中的积极性	把握、发问、描述、命名、点出
2.反应	规定练习的完成要严格遵守学校规则且有质量上的保证,积极参与到课上的讨论活动,充分显示出对体育课的兴趣	标明、表现、遵守、讨论、呈现、帮助
3.价值评价	对健康体育、体育的地位加以了解,并将解决问题的态度显示出来	邀请、验证、完成、阅读、报告、分享
4.组织	对解决问题系统规则的重要性加以肯定,对自身行为的责任给予接受,对自身的能力及限度加以了解和认识；制订出一个与自身能力和兴趣信仰相协调的生活计划	坚持、安排、修饰、比较、准备、关联
5.由价值或价值符合体形成的个性化	首先要具备良好的思想品德,将独立完成动作时的自信心、在团体活动中的合作态度充分展现出来,除此之外,良好健康的习惯也是需要保持的	建立、分辨、倾听、实践、提议、品质

(三)体育教学中动作技能领域的目标分类

通常,可以将体育教学中动作技能领域的教学目标分为七个具体类别或者说七个层次(表3-5)。

表 3-5 动作技能领域的教学目标分类

层次	一般目标举例	行为动词
1.知觉	能将运动器械各部分名称叙述下来,并复诵动作要领	描述、使用、抄写、理解、解释
2.定势	评量身体的起始动作,调查反应的意愿	选择、建立、安置

续表

层次	一般目标举例	行为动词
3.指导下的反应	观察教师的示范动作,并加以表述,还要加以正确模仿	制作、复制、混合、依从、建立
4.机制	正确、熟练地做出技术动作	操作、练习、变换、固定、修理
5.复杂的外显反应	完成精确的技术动作,演示出复杂的技术动作,甚至是一套连贯的技术动作	组合、修缮、专精、解决、折叠
6.适应	迅速掌握新动作,以已知的能力或技术为依据编制出一套技术动作	改正、计算、示范
7.创作	改良动作技术,探索新的练习方法,使其进一步发展,并进一步创造出新的表演方法	设计、发展、创造、筹划、编辑

三、体育教学目标的特点

体育教学实施的出发点和归宿,都是体育教学目标,其对体育教学的方向起到重要的决定性作用。不管是什么样的体育教学活动,其展开都是围绕着某种体育教学目标这一中心而实现的。

体育教学目标具有以下显著特点:

(一)导向性

体育教学活动的进行是要以体育教学目标为参照标准的,从某种意义上来说,体育教学目标能够积极引导体育教学的方向,对教学设计、教学过程的组织与实施、教学评价等起到一定的制约作用。

通常来说,如果符合教学目标定位具有一定的合理性、教学活动与教学目标趋于一致的条件,那么,就能保证体育教学收到理想的效果；但是，如果不符合这一条件，那么，具有积极导向作用的教学活动所产生的结果的理想程度就相对低一些。因此，对体育教学目标的导向性特点加以重视是非常有必要的。

(二)系统性

作为一个整体，体育教学目标的构成要素是多方面的，具体来说，有认知目标、技能目标、情意目标、品格目标、能力目标和方法目标等。各目标的实现时间和程度是有所差别的，但是，其共性在于都会对体育教学目标的实现产生重要影响。

要注意，这些目标的特色和优势是有差别的，它们之间是相互补充的，因此，能有效保证体育教学中学生身心发展的全面性。由此可以得知，组成体育教学目标系统的各具体目标彼此之间都是存在着一定的联系的，在各具体教学目标的实现过程中，它们的有机联系和相互促进能够有力保障体育教学达到预期的理想效果。

(三)层次性

层次性是体育教学目标的显著特点，可以从以下两个方面得到体现：

一方面，体育教学目标并不是一蹴而就的，而是逐渐实现的，一般的，较高目标的阶段目标可被认为是较低层次的目标，而较低层次的目标则是从较高层次目标分解和具体化而得来的，也可以将其理解为是较高层次的目标的基础或手段。

另一方面，教学目标与学段之间关系密切，体育教学自始至终贯穿于学校教育中，其受众为不同学段的学生，由此可见，教学对象不同，具体的教学目标也不同。如对于小学生来说，培养他们对体育的兴趣，初步学习保健和卫生知识，发展身体的基本活动能力等就是这一阶段的教学目标重点所在；而对于大学生来说，满足学生个体对体育的需求，进一步提高体育素养和终身体育能力，使个体需求和社会需要相结合，则是这一阶段应该关注的教学目标重点所在。这也就将体育教学目标具有层次性特点充分体现了出来。

(四)可行性

相较于体育教学目的,体育教学目标有着非常显著的特点:清晰、明确、具体、可行等,这些特点对于其在教学实践中顺利达成是有所帮助的。因此,在制订体育教学目标时,就要求一定要遵循与实际相符的原则。

(五)灵活性

体育教学目标与固定不变或者死板是不相符的,一般的,其可以因校、班、课制宜,以体育教学的实际情况为依据,教师会将制订教学目标制订出来,其不仅具有显著的目的性和针对性,还要求内容和要求方面有弹性,从而有助于灵活掌握,并获得最佳的教学效果。

通常情况下,具有灵活性的体育教学目标,其所产生的影响是非常积极的,具体来说,其可以从两个方面得到体现:一方面,能够为体育教学目标的达成提供一个较为适宜的调整空间;另一方面,教师教学工作的开展依据主要是学生的实际情况,这就要求所提出的教学目标是与之相适应的,对此是有所助益的。因此,学生主观能动性的调动充分发挥出了他们的主体作用,以及使其身心方面的协调发展都与体育教学目标的灵活性特点有着必然的联系,且从中受益。

(六)共同性

在体育教学中,体育教学目标所针对的对象有两个方面:一个是处于主导地位的教师,一个是处于主体地位的学生,这是由体育教学的本质所决定的。可以说,体育教学目标,实际上是教与学双方合作实现的共同目标,只有师生之间达成共识,体育教学目标的顺利实现才有可能。除此之外,还需要强调的是,体育教学目标要落实到教师的教学活动所引起学生的行为变化上,这是其最终所要达成的终极目标。

四、体育教学目标的功能

体育教学目标在具有显著特点的同时,也有着非常重要的功能,可以大致归纳为以下几个方面:

(一)定向功能

体育教学目标在体育教学活动上具有积极的指导作用,同时,其也对体育教学结果起到重要的制约作用。可以说,体育教学实践活动的开展与实施是在体育教学目标的指引下进行的。体育教师在确定课时教学目标,或者在设计教学活动、组织教学时,都要以课程教学目标为依据。同时,体育教学目标也在很大程度上制约甚至决定着体育教学系统的设计方向、体育教学的具体实施方法与程序。由此可以得知,要想使教师明确自己要教什么,使学生明白自己要学什么,将体育课程教学目标明确下来是首要任务。

(二)控制功能

体育教师在对自己的教学行为加以修正,对教学过程进行有效控制时,需要将体育教学目标作为重要的参考标准。体育教学活动具有显著的动态性特点,体育课堂教学是在不断变化中进行的,这就要求体育教师一定要对此加以重视。

教师以体育教学目标作为参考,可以获得反馈信息,从而有针对性地及时调整体育教学活动中所出现的偏差。明确的体育教学目标能对整个体育教学活动起到良好的控制作用。对于体育教学的相关主体来说,体育教学目标往往是作为一种约束力量而存在的,其能够将各方面力量凝聚起来,为共同的目标而奋进。从某种意义上来说,只有将体育教学目标明确地制订出来,体育教师才可以据此将各种反馈的方法运用在体育教学过程之中。

(三)激励功能

目标是观念形态的一种价值意识,其能够将人的需要反映出来,当人的需要清晰而明确时,延伸到行为领域,由此,动机便逐渐形成了。所以,在将体育教学目标确定下来之后,就能够在此基础上有效激发出学生的学习积极性和学习动力,使学生实现目标的需求与渴望能够得以产生,从简单意义上来说,体育教学目标能够将学生体育学习动机有效激发出来。

学生在建立学习动机之前,首先要对与其学习成果加以了解,将成就的性质明确下来,在这样的情况下,才能将其学习的动机激发出来,才能使其为了目标而付诸行动,行动结束后,以预期的目标为主要依据,学生往往会有成功喜悦的获取,在获得成就感,或在失败后,能够将相应的原因找出来,并且从中剖析出自己的问题,吸取教训,为下次行动提供必要的依据。

激励理论的主要观点是,激励作用的大小是通过"激励力＝目标效价×目标达成度"而得出的。其中,目标效价是个人对目标价值大小的评价;目标达成度则是目标实现的可能性。体育教学目标激励作用的充分发挥,是需要具备相应条件的,首先要对学生的需要加以了解,并且以此为依据,来将教学目标确定下来,从而使学生对自己通过努力可以达到目标的这一现象有所了解和认识,由此来更好地将学生学习动机和学习兴趣激发出来。

(四)评价功能

在进行体育教学评价时,需要对体育教学目标这一重要依据加以考虑,因此,这就要求必须先明确教学目标,在这样的基础上科学评价才能得以进行。从某种程度上来说,体育教学目标是对教学结果的预先规定,在测量、检查和评价体育教学活动是否成功、有效进行时,往往是以教学目标作为评价尺度或标准而进行的。

体育教学本身作为一种活动或者系统，是具有一定的顺序性和完成性的，其构成因素也是多方面的，其中，关键环节之一就是体育教学活动的测量和评价，而这都是要以所制订的教学目标为依据而进行的。体育教学目标是对具体的体育教学行为表现的描述，能够为体育课程教学评价提供科学的依据。需要强调的是，体育教学目标必须全面、具体和可测量，如此才能以此为依据来对学生的学习成果进行检验，从而使测验的效度、信度有所提升。

五、体育教学目标的设定

从体育教学实践中不断发掘、总结可以得知，一个正确、合理的体育教学目标的设定在很大程度上决定着最终的体育教学效果如何。只有所指定的体育教学目标是合理的，其才能最终顺利实现。如果体育教学目标的设定存在着较大的不合理性，那么，学生的接受程度就会比较低，所取得的教学效果也会差强人意。因此，科学设定体育教学目标，并且掌握好其合理性就显得非常重要了。

通过总结多年经验可以将体育教学目标的具体设定方法归纳如下：

(一)体育教学目标设定的依据

在设定体育教学目标时，为了保证其科学性、合理性和可行性，需要参照相关的一些依据，具体有以下几个方面：

1. 体育目标与体育课程标准

在制订体育教学目标时，首先要考虑的一个重要依据就是体育课堂标准。体育教学目标体系之所以得以形成，与国家教育部的一系列措施有着密切关系，其不仅制订出了各级体育课程标准，而且还根据实际情况制订出了各个年级的教学目标。

2. 学生身心的特点与发展规律

相较于其他阶段来说,处于学生阶段的群体在身心发展的速度上是比较快的,且差别显著。因此,这就要求在充分了解学生身心发展的特点和规律的基础上,以此为依据来将体育教学目标科学地制订出来。

3. 体育教学的特征与功能

从体育教学的本质特征和功能出发,设定体育教学目标,在此过程中,要注意凸显出学生增强体质、促进身心健康全面发展的本质特征。

4. 教学实际条件与可能性

体育教学目标的制订受到很多因素的影响,其中,体育教学环境和教学客观条件也是重要因素之一。当前,体育教育资源自始至终都是稀缺资源,并且在不同地区和级别的学校存在着显著失衡的现象。鉴于此,要求在设定体育教学目标时,要对这一因素加以充分考量,使所设定的目标满足学校的实际教学条件。

(二)体育教学目标设定的要求

在设定体育教学目标时,不仅要遵循相应的依据,还要做到以下几个方面的要求:

1. 要做到系统性

体育教学活动中包含的要素主要有三个方面,即制订明确的教学目标、选用恰当的教学方法和进行有效的教学评价。在这三个方面上,体育教学目标都起到了关键性的作用,具体表现在以下几个方面:

第一,在体育教学目标设定的时候,分析任务、教学起点、结果,是有助于体育教学其他方面的设定的,而其他方面的设定又能起到有效补充和修正体育教学目标的作用。因此,在设定体育教学目标时,要做到与其他方面的设定统筹考虑、全面平衡。

第二,在设定体育教学目标的过程中,要对体育教学过程的各个要素进行综合考量,对学生的生理、心理等方面的特点进行全面且深入的剖析,并以此为依据来对相应的教学方法或手段加以选择,从而使体育教学目标的设定能够达到最优化目标。

第三,在设定体育教学目标时,要使各层各类具体教学目标纵贯横联,从而使一个完整和谐的系统得以形成。

2. 要做到具体性

体育教学目标要求的具体性,实际上就是对体育教学目标的表述要做到尽可能的明确、具体、清晰。体育教学目标的设定,主要是为了有效解决教学后想要达到什么样的目的。如果教学目标的表达不够具体,那么就会对教学目标积极作用的发挥产生不利影响。因此,要使在描述体育教学目标时使用含糊不清的和不切实际的语言表达得到尽可能的避免。

在这方面,西方体育教学目标确立的"ABCD 法"是值得我们借鉴的,这对体育教学设定的具体化的实现和应用会起到积极的推进作用。

3. 难度要适宜

体育教学目标的设定要适中。适中的教学目标能够发挥出积极的作用和影响,能够对学生创建参与体育教学活动的信心产生有效的激励作用。但是这也不能忽视,在实际体育教学中,学生原本的身体素质和对体育运动的悟性水平之间并不是等同的关系,再加上他们对体育运动的兴趣强弱不同,这就导致他们表现出的学习状态也是不同的。因此,这就要求教师在设定体育教学目标时,要做到难度适中、层次合理。

4. 要做到易检性

只有一项事物可以通过检验获得评价,其所对应的目标才有实际的意义。因此,对于体育教学目标来说,也必须要有被检测和评价的环节,这个结果最终反馈到体育教学中,一种双向互动的发展状态便形成了。一般的,具有易检性的是体育教师提出的目标是明确、具体的;相反,难检的则是含糊、笼统的。

体育教学目标与教育现代化的要求必须相符,这样才能充分体现出体育教学的价值,并要对学生个性的健康发展有所助益,从而对学生终身体育思想和意识的形成起到促进作用。

(三)体育教学目标设定的程序

体育教学目标的设定这项工作是非常严谨的,在这项工作进行中,中前期、中期和后期工作是要做充分的,切忌随意而为。具体来说,体育教学目标设定的程序主要有以下三个方面:

1. 了解教学对象

这里所说的教学对象,主要是指接受知识或技能传授的学生。教师在设定教学目标时,一定要注意做到与教学对象特点和需要相符,满足教学对象体育知识、技能发展需求这几个要求。

2. 分析教学内容

体育教学的开展,是必须有一定的体育教学内容来支撑的。因此,在设定体育教学目标时,首先要认真分析体育教学内容的特点与功能,然后以此为依据制订出适合的教学目标,或者对既定的教学目标加以调整。

3. 编制教学目标

在前两项工作的基础上,要进行教学目标的编制工作。通常情况下,体育教学目标是在"单元"或"课"的教学计划中按照课程的水平目标基础上分别进行陈述的。

(四)体育教学目标设定的注意事项

在设定体育教学目标时,除了要满足上述几个方面的要求和条件之外,还有一些事项也会对其设定的科学性和合理性产生影响,是需要加以注意的。

1. 与体育课程目标的相关性

体育教学目标与体育课程目标之间的关系是上下联系的,二者有机统一。如果两者之间不存在这种上下层关系,那么,这就表明体育目标的设定是不正确的,由此而设定的教学目标也是无法得以实现的。

2. 要对目标描述的准确性加以重视

在对体育教学目标加以描述时,最基本的要求就是清晰、准确,且不带有任何模糊性词语。可以说,只有在体育教师准确理解所设定的教学目标的基础上设立的教学目标才是有效的,否则,所取得的教学效果也是不理想的。

3. 要具有显著的教育价值

体育教学本身就具有显著的教育性特点,但是需要注意的是,它所利用的教育形式相较于大多数学科教育是差别较大的。在体育教学过程中,体育教师的教学风格各异,如果其风格是偏于对细节的追求,那么教学思维就会被带偏,体育教学的目标也会有所偏差,是不利于体育教学目标的实现的。

4. 要对学生实际情况进行充分考虑

使学生能够获得全面发展是体育教学目标的一个重要方面。在信息传播如此之快的现代社会中,学生的眼界有了显著的拓展,对新鲜事物的兴趣往往较为浓厚,如此一来,就要求在设定体育教学目标时,一定要在学生的需要、能力和条件等情况的前提下进行,这样才能更好地为学生学习体育提供相应的动力。

5. 要及时进行适当调整

随着体育教学的不断发展,体育教学目标也要根据其实际发展情况进行适当调整。只有与体育教学的发展相适应的体育教学目标,才是科学的、具有可操作性和可实现性的。因此,这就要求根据实际情况随时作出相应的调整,从而使其科学性、合理性和与时俱进性都能自始至终得到有效保持。

六、体育教学目标的实现

(一)实现体育教学目标的基本途径

体育教学目标的实现是需要借助一定的媒介与途径的。在学校中,这种途径具备了多元化的显著特点。体育教学目标实现的途径往往是在多种体育教学方式的依托下才实现的,其中,较为主要的有以下几个方面:

1. 课堂体育课程

课堂体育课程是国家教育部规定的必修课,是体育教学目标实现的最基本途径。从实质上来说,课堂体育课程就是一个系统性体育教育过程,其主要目标是使学生的身体和心理都得到有效锻炼。课堂体育课程严格、规范,且有严谨的课程标准,通常以班级为单位授课,有专职体育教师负责教学,并且学校在体育课的顺利开展方面要有所保证,这主要体现在专门配备相应的、足够的体育场馆或体育设施方面。

2. 课外体育活动

课外体育活动与课内体育课程两者是相对的关系,课外体育活动有着更加显著的灵活性和随意性。当前,学校体育课外活动所处的地位是课堂体育教学的延伸和补充,尽管其在重要程度上不及课内体育课程,但其也是实现各级学校体育目标的重要组织形式,不可忽视。课外体育活动形式多样,能够充分利用起任何空闲的时间,其中,早操、课间操、体育活动课、学校业余运动训练或高校组织的体育竞赛等都是较为最常见的课外体育活动形式,可以灵活采用。

3.其他形式的体育健身活动

除了课堂体育课程和课外体育活动之外,还可以通过其他形式的体育健身活动来实现体育教学目标,具体来说,主要是指在学校教育的各个环节中开展的多种形式的体育活动。这些活动以全面发展学生综合素质为主要目标,采用身体运动的形式,对学生增进健康、增强体质都是非常有利的。除此之外,常见的全民健身运动、体育夏令营、冬令营和自发的观赏体育比赛等活动也都属于这一形式的范畴。

(二)实现体育教学目标的基本要求

1. 要面向全体学生

体育的受众是全体学生。在体育教学中,要将全体学生都动员起来积极参加各项体育活动,使全体学生都享有体育的权利,从而促进其身心的全面发展。体育教学实践中往往也会遇到一些因自身原因无法参与体育活动的学生,对此,要尽可能安排一些保健、康复类的体育活动,使他们也有能参与的体育活动,保证其健康水平的提升。

2.把握好继承与发展、学习与创新的关系

认真分析和总结我国体育工作的有益经验,大力继承和发扬我国民族传统体育,同时,还要进一步加强国家间体育的交流和学习,借鉴与我国国情相适应的国外体育先进理论与经验,由此,来使我国体育教学的改革进程进一步加快,开创具有中国特色的社会主义体育教育体系的新局面。

3. 加强体育的教学研究工作

当前,我国体育正处在发展、变革阶段,因此,一些问题会不可避免地出现在教学实践中,这就要求对体育教学的研究工作要进一步加强。在我国,由于地域广阔,因此,所面临的实际问题也具有一定的地域差异,再加上受到经济因素的根本制约,各级各类学校的体育基础的不平衡现象非常严重。因此,加强体育的教学、科学研究工作,不仅是深化改革、提高体育工作质量的需要,同时也是提高体育教师业务水平的需要。

4. 保证体育教学的必要物质条件

物质决定意识。这在任何事物中都是适用的,体育教学方面也是如此。体育目标的实现,离不开体育教学物质条件这一重要保证。因此,在实际教学中,就要求各学校都要认真配备和积极改善体育的器材设施。同时,还要划拨出专门资金,用于体育教学器材和场地的维护、维修与保养。学校方面,也要做到尽可能地自力更生、因地制宜地设置体育设备器材,从而为体育提供必要的物质保证,也积极促进体育活动的顺利开展。

5. 加强体育师资队伍建设

作为体育教学的主体,体育教师有着不可替代的重要地位和作用。可以说,其有着体育知识及技能的传授者与体育教学目标能否实现的直接决定者双重身份。近年来,我国体育教师的缺口正在逐渐加大,数量不足、质量不高,这与国家日益提倡的培养全方面人才和注重对学生体育教育的精神是相悖的。因此,这就要求大力加强体育师资队伍建设,注重对现有体育教师和即将从事体育教师职业的人员进行培训是必不可少的重要举措,如此一来,能够使体育教师的思想与专业技能水平得到有效提高。除此之外,体育教师的思想教育、工作和生活条件的改善、薪酬制度的完善、教师队伍中地位的提高等也都是非常有必要的重要措施。

第二节　各层次体育教学目标的制订

体育教学目标本身是作为一个系统而存在的,其主要由学校体育目标、体育教学总目标、体育教学单元目标、体育教学课时目标这几个不同层次的教学目标构成,这些构成因素之间的关系是相互递进的。因此可以说,各个下属目标都是其上位目标的具体化,由此,一个完整的体育教学目标体系便形成了。

一、学校体育目标的制订

在体育教学目标体系中,处于最高层次的就是学校体育目标,但是,从实质上来说,学习体育目标只是一般意义上的一个目标,并不具有特殊性,其对整个体育教学目标体系来说所具有的意义确是终极的。

当前,我国学校体育目标所包含的内容是比较丰富的,主要有以下几个方面:

第一,能够使学生身体得到有效锻炼,使学生的体质有所增强。

第二,首先要对体育与卫生保健的基本知识有充分的了解和认识,然后以此为基础,熟练掌握其基本技术和基本技能等。

第三,通过思想品德教育的实施来对学生个性的全面发展起到积极的促进作用。

第四,通过各种方式来大力提升学生的运动技术水平,从而为国家体育人才的培养和输送奠定良好的基础。

二、体育教学总目标的制订

通常情况下,可以将体育教学目标中的预期成果分为两个部

第三章　学校体育教学目标体系的构建研究

分:一个是阶段性成果;一个是最终成果。可以说,从体育教学总目标上能够体现出体育教学目的的实现,同时,还能积极指导各个层次的具体教学目标。

在我国,体育教学目标所包括的内容也较为丰富,可以将其大致归纳为以下三个方面:

(1)实质性目标:学生能熟练掌握一定的体育知识和技能。

(2)发展性目标:全面锻炼学生的身体,使学生身心得到全面发展。

(3)教育性目标:积极培养和引导学生的世界观,保证学生的个性品质健康发展。

从上述分析中可以得出我国不同学段的具体效果目标,进而将体育教学总目标反映出来。

(一)小学阶段的具体效果目标

以小学生的特点和教学需要为主要依据,可以将小学阶段的具体效果目标大致归纳为以下几个方面:

1. 全面锻炼学生身体,保证良好的生长发育

通过体育运动锻炼,能够积极培养学生身体的正确姿态,促进学生身体技能、身体素质和人体基本活动能力的全面发展。除此之外,还能使学生对外界环境的适应能力和对疾病的抵抗能力有所增强。

2. 使学生在掌握体育相关知识的同时,培养锻炼兴趣

让学生首先认真学习并掌握一定的体育、卫生保健常识,树立安全的观念;同时,熟练掌握日常生活所需要的技能和简单的运动技术。除此之外,还要对其锻炼身体的能力进行积极的培养,从而将其健康意识逐渐树立起来。要根据学生参与体育运动的不同兴趣来进行区别培养,从而使其养成积极锻炼身体的良好习惯。

3. 学生形成良好思想品德的同时,也要得到美的情操的熏陶

要做到这一目标,需要从以下几个方面入手:

第一,要教育学生热爱祖国、热爱共产党,同时,要培养和提升学生锻炼身体的积极性和主动性。

第二,借助体育这一重要手段来积极影响学生身心健康,比如,引导和培养学生的美感和文明行为,促进其逐步养成遵守纪律、尊重他人、团结友爱、互相帮助等集体意识和良好作风。

第三,对学生的个性以及勇敢、顽强、朝气蓬勃和进取向上的精神的培养加以重视。

第四,将学生能力作为培养的重点,同时,启迪思维也不容忽视,如此能够有效提升学生参与体育锻炼的主动性和创造性。

(二)初中阶段的具体效果目标

到了初中阶段,体育教学的具体效果目标会发生一定的变化,具体变为以下几个方面:

第一,使学生的身体得到锻炼,身体素质得到有效提升,积极促进学生的全面发展;同时,还要使学生对外界环境的适应能力和对疾病的抵抗能力得到进一步的增强。

第二,让学生要认真学习简单的体育基本知识、基本技术,使基本能力得到有效培养和提升,与此同时,还要对其健康和健身意识加以培养。

第三,要重视学生的思想品德教育。具体来说,就是要通过体育教学,将学生的身体锻炼和社会责任感有机结合起来,同时,通过各种方式和途径来对学生热爱共产党、热爱社会主义祖国进行教育,从而将其群体意识树立起来。

(三)高中阶段的具体效果目标

高中阶段的具体效果目标,与小学和初中阶段都有着较大的不同,具体包括以下几个方面:

1. 使学生身心得到全方位的锻炼和提升

要进一步培养和提升学生的各方面素质和能力,这对学生身心的全面发展是产生积极的影响的。

2. 使学生初步掌握体育的基本知识和技能,提升体育意识和运动能力,奠定良好的终身体育基础

一方面,要让学生能熟练掌握一些体育、保健的基础理论知识,然后在此基础上学习并掌握相关的一些技术和技能。另一方面,要积极培养学生体育的相关意识、习惯等。

3. 积极有效地培养学生的思想品德,陶冶其情操

第一,要通过各种直观、生动的形式来对学生进行爱国主义教育,以此来使学生的社会责任感有所增强,除此之外,学生的组织纪律性也是需要重点培养的方面。

第二,要对学生的个性和竞争意识进行重点培养和发展,同时,还要通过各种措施,有效激发出他们的创新、合作和应变能力,以及自强自立、坚毅勇敢、顽强拼搏和开拓进取的精神。

第三,将学生分辨是非的能力和文明行为作为重点培养的方面之一。

第四,要为学生建立健康的审美观念提供一定的帮助,从而使其能够具有一定的审美能力。

三、体育教学单元目标的制订

体育教学设计得以进行的依据是单元目标,对于教师的教学活动来说,单元目标所起到的积极影响和指导意义是非常重要的。通常情况下,可以以体育教学的任务为依据,将体育教学的单元目标分为以下三种类型,各具特色。

(一)独立型单元教学目标

这种类型的单元教学目标所具有的特点为：具有相对独立的单元学习任务，它们在顺序上没有固定要求，是可以随机进行位置的调换的。较为典型的如体育教学中不同运动项目的教学。

(二)阶梯形单元教学目标

这种单元教学目标的主要特点是：一些学习任务之所以能够顺利进行和实现，往往是在另一些学习任务的基础上完成的，以递进要求为主要依据将这些学习内容组成不同单元，然后再将它们排出一定的顺序。较为具有代表性的如基本技能教学和专项技能教学。

(三)混合型单元教学目标

这种单元教学目标所具有的特点为：学习任务之间的关系是不一样的，但不管关系怎样，都是按照相应的要求来将这些学习任务组成相应的单元的。

四、体育教学课时目标的制订

课时是体育教学活动中最基本的单位。每一堂课的教学目标，就是所谓的课时目标，实际上也是对单元目标的进一步具体化。课时目标要做到非常具体、明确而富有成效。

具体来说，课时目标的制订主要包括以下几个方面：

(一)分解目标

所有的目标都是在上一级目标的基础上而被制订出来的，因此可以说，上位目标是在下位目标的服务下实现的，由此可以断定，教学目标自上而下的分解过程，实际上就是一个不断具体化的过程。

课时目标的制订是非常重要的,因为这是最具体的目标形式。鉴于此,就要求首先要将其上位目标——单元目标及其相互关系明确下来,然后在对相应的课时教学目标加以设计。

(二)分析任务

在完成分解目标这一步之后,就要以单元教学目标为依据来对任务进行深入的分析。对任务进行分析,即学习者为了达到单元教学目标的规定对所需学习的从属知识(技能、能力、态度、情感)加以掌握,并且进一步解剖它们的相互关系。

(三)确定起点

体育教学目标是指学习者的学习结果,与对体育教师的教学行为的描述并不是相等的关系。因此,这就要求在制订体育目标时,一定要将教学的起点确定下来。

在将教学起点确定下来之后,就会直接影响到教学目标的作用发挥和教学的有效性。需要强调的是,教学起点要适宜,过高或者过低,都不利于教学目标作用的发挥,而且还有可能产生一定的副作用。

(四)对目标进行准确的表述

在制订体育教学目标时,一定要将学习者通过每一项从属知识和技能的学习后应达到的行为状态具体且明确地表述出来,然后将这些表述进行类别化和层次化处理。

第三节 体育教学目标体系的构建

体育教学目标体系包含的内容非常丰富,为了保证该体系的科学性、合理性和可行性,要求在构建这一体系时,需要从以下几个方面着手:

一、构建依据为社会对学生的体育要求

从现代教学理论的分析中可以得知,体育所应关心的核心问题是使学生的需要得到满足。在体育教学深化改革方面这一思想起到的作用是巨大的。究其原因,主要是由于动机是在需要的条件下产生的,同时,其能够积极引导行为的产生。如果学生的需要无法得到有效满足,那么体育的生命力就不会存在,学生的体育学习和体育锻炼的动机也会逐渐丧失。在制订教学目标时,一定要将学生个体的需要同国家和社会的体育要求协调、统一起来,要避免将社会和国家对学生的体育要求作为"计划经济的产物"而予以排斥,对学生个体需要进行片面的强调是不现实、不可取的。

鉴于此,就要求对体育课程教学目标进行科学合理的安排,并且以此对学生体育学习动机的正确培养与体育价值观的教育进行加强,同时对教学方法进行积极努力的改革,如此一来,能够将学生体育学习与体育锻炼的兴趣更好地激发出来。

二、学生的个体差异是关键要素

学生的个体差异是客观存在的,这是由学生的自身特点所决定的。在学校体育教学中,首先要做的就是对学生的个体差异给予充分关注,因为只有这样,才能切实加强区别对待、因材施教,才能使每一个学生都能够从中受益得到保证。

在体育教学目标中,不仅要重视体育的育人过程,同时还要强调体育的育人结果。全面达成学校体育与体育课程各项目标,为社会培养优秀人才作出真实的贡献,是体育教学目标的重要追求体现。

三、学生快乐情感的体验是强调的重点

新的教学理念所强调的重点为:要促使所有的学生都能够更好地体验到学习和成功的乐趣,要充分关注学生的运动兴趣。从某种意义上来说,只有对学生的运动兴趣进行激发和保持,才能对学生更加积极、自觉地参与体育锻炼起到积极的促进作用,这也是促使体育教学目标和价值得以实现的有效保证。但是需要强调的是,这与放任学生玩是不一样的。

在学校体育与体育教学中,学生体验到学习和锻炼的成绩与快乐是最基本、最主要的目标,但是,这并不是学校体育和体育教学的全部,而只是其中的一部分,切忌以偏概全。即便只是从对学生情感进行丰富来说,只有快乐的情感体验也是远远不够的。实际上,在学校体育中所有的事情都是具有两面性的、都是相对而存在的,绝对的快乐是不存在的。因此,这就要求教学目标应将体育教学这一特有的内涵充分体现出来。

四、学生体育能力的培养是重要关注点

在之前的体育教学过程中,往往是比较注重学生运动技能的学习的,但在培养学生体育能力方面,重视程度显然较为欠缺。现代教育思想和素质教育要求:教会学生"学会健体""学会学习"。因而,在对体育教学进行深化改革方面,要将"为学生奠定终身体育的基础"作为关注的重点,同时,还要对学生独立从事科学锻炼身体的能力进行重点培养。在体育教学目标中,要避免将运动技能的学习以及学生体育能力的培养对立或割裂开来的情况出现。

对学生的体育能力加以培养非常重要,这一点是毋庸置疑的。但是,体育能力并不是空中楼阁,其必须要在运动技能这一重要的基础之上才能逐渐形成,如果脱离这一基础性的学习,那

么,培养体育能力就无从谈起了。最后需要强调的是,在学校体育课程教学目标中,要使学生能力培养的简单化、空洞化、庸俗化得到有效避免。

第四章 学校体育课程组织与实施体系的建设与发展研究

学校体育课程的科学组织与实施需要体育教学工作者掌握学校体育课程教学体系及其内容构成,还有各系统要素之间的关系,在体育课程组织和实施过程中需认真处理每一个课程体系要素,如此才能使整个体育课程的开展构成一个完整的系统,才能最大限度地发挥各要素的教学效果,进而使得整个体育课程的组织与实施尽善尽美,以更好地实现体育课程目标、提高体育课程教学质量与效果。本章重点就体育课程教学体系的课程教学内容、课程教学手段与方法、课程教学模式等具体课程体系构成要素进行深入解析,并就体育教学设计的优化进行阐释,以为体育教师科学组织与实施体育课程教学提供指导和启发。

第一节 体育教学内容资源的挖掘与选择

一、体育教学内容概述

(一)体育教学内容的概念

毛振明研究指出,以体育教学目标为指导,通过合理教学方法和教学组织在一定的教学环境中转化,转化过程中的内容就是教学内容。①

可从以下几方面理解体育教学内容：

(1)体育教学内容是实现教学目标、开展教学过程的重要物质载体。

(2)体育教学内容选择以实现教学目标为指导。

(3)体育教学内容是教师从众多教学材料中选出的最佳的、最能实现教学目标的内容。

(4)体育教学内容是师生间的交流信息。

(5)体育教学内容决定体育教学方法、手段的选择。

(二)体育教学内容的层次

将体育教学内容放在整个学校系统中，可以实现对学校系统教学内容的层次划分。具体划分为宏观和微观两个层次。

1.宏观层面的体育教学内容

宏观层面的体育教学层次是大体育教育观下的体育教学内容，其具体包括三个层次。

上位层次——国家课程和教学内容：由国家教育行政部门统一规定，充分体现和符合国家意志，各地方学校必须服从。

中位层次——地方课程和教学内容：地方教育部门或者学校在国家规定的各个教育阶段的体育课程内自主开发的体育教学内容，体现了在国家统一要求下的地方特色。

下位层次——学校课程和教学内容：学校以上级（国家、地方教育部门）的课程教学内容要求和范围为基础，在此基础上进行的体育教学内容具体选择，它是以实现学校体育教学目标、满足每一个在校学生的体育学习和体育发展需求为目标进行的体育教学内容涉及和选择，也是真正落实到学校体育课程教学中去，是在体育教学实践中被实现了的、被执行了的体育教学内容。

---

① 毛振明.体育教学内容改革与新体育运动项目[M].北京:北京体育大学出版社,2002.

2.微观层面的体育教学内容

从微观层面来看,体育教学内容包含以下四方面具体内容:

第一层次——体育课程标准所示的学习内容:在教学内容的选择与设计过程中,应体现体育教学内容是为体育课程目标服务的,应符合课程标准要求,这种教学内容重在教学内容的领域描述,如运动技能、身体健康,而非具体教学内容。

第二层次——课程标准所示的水平目标:第一层次的具体化,是通过体育教学过程的组织和实施,学生应该达到什么样的具体要求和标准。

第三层次——体育教学的教学物质设施:体育教学课程开展过程中,在完成体育教学内容介绍和讲解中所使用到的课件、球、场地、器材、教具等。

第四层次——体育教学的教学方法与手段:通过一定的方法和手段实现学生的教学内容认知、理解。

(三)体育教学内容的分类

体育教学内容也是一个具有丰富的内容的体系,根据不同的分类标准、从不同的角度,可以将体育教学内容分为多个类别。一般来说,体育教学内容的科学分类具体参考表4-1。

表4-1 体育教学内容分类

分类标准	教学内容
体育教学功能	运动参与、运动技能、身体健康、心理健康以及社会适应等
体育教学目标	发展身体素质的练习、提高运动技能的练习、培养运动安全和运动损伤预防的练习等
机体活动能力	走、跑、跳、投、攀登、负重等的练习
身体素质内容	发展力量、速度、耐力、灵敏、柔韧等的体能内容

续表

分类标准	教学内容
体育运动项目	球类、体操、田径、武术、体育舞蹈、冰雪运动、水上运动等
课程内容选择	基本教学内容(体育、保健原理与知识,田径、球类、体操、韵律运动、民族传统体育等)和任选教学内容(具有地方特色的体育教学内容)
综合交叉分类	理论与实践、各体育运动项目、不同类别和功能的教学内容综合

二、体育教学内容的挖掘拓展

体育教学内容的科学选择、整理、归纳、拓展可帮助教师更好地实现教学效果。体育教师应对体育教学内容进行认真审视,并可对体育教学内容进行深度整理、挖掘、拓展,使之与当下体育课程教学更相符。

体育教学内容的挖掘措施和方法解析如下:

(一)传统教学内容延续

在我国,学校开设体育教学已经有相当长的时间,在学校体育教学实践中积累和总结了丰富的经验,许多传统体育教学内容是经过教学实践检验的、科学的体育教学内容,在现代体育教学中,仍具有重要教育价值。

在体育教学改革中,不同时期的体育教学内容不断变化,几经拓展、丰富、重新选择与整理加工,体育教学内容丰富多彩,但任何时期的体育教学内容都必然包含了能促进学生身心健康发展的基本的教学内容。

需要特别提出的是,应在体育教学内容的教学活动开展中,突出现代体育教学所要求的教育性、趣味性、时代性。

(二)上级文本参考调整

1.参考上级课程文本建议制订体育教学内容

所谓上级课程文本,具体是指"国家教育行政部门规定的统一课程和教学内容,它体现国家的意志,是专门为未来公民接受基础教育之后应该达到的共同体育素质而开发的体育课程和教学内容"。

体育教学内容在全国范围内的各级各类学校具有统一的教学大纲,这就保证了体育教学内容在整体上的统一性,但是由于各个地方、各个学校又有自身的特殊性,这就使得地方具体体育教学内容的选择应在符合国家统一的教学内容安排的基础上可突出地方和学校特色。地方体育教学教材的编写者可以在教材编写过程中充分参考上级文本的内容,做到在整体思想、内容方面与上级文本保持一致,但是在具体的教材细节安排上可突出本地特色,增添相应的教学内容;教师在选择教材、确定体育教学内容时,可以充分参考统一体育教学教材的教学内容,并结合本校的实际选择补充特色教学内容,使体育教学内容整体符合上级文本要求和范围,同时又有丰富和能满足本地本校教学条件要求和学生体育学练需求的体育教学内容予以补充,使体育教学内容的选用更具科学性。

2.根据上级课程文本规定适当调整体育教学内容

上级课程文本的确定具有改革概况性,给地方体育教学内容确定以充足的调整空间。

学校体育课程组织与实施实践过程中,可能出现各种各样的问题,各地区的体育教学实际也存在着一定的差异性,这就要求学校创设出与本地、本校实际教学情况相符的体育教学内容。学校应领会和坚持上级文本的精神和规定要求的基础上,对上级课程文本规定的教学内容进行适当修改,以促进体育课程教学的顺利开展和体育课程教学目标的高效实现。

(三)传统教学内容改造

对传统体育教学内容的改造是对体育教学内容进行挖掘拓展的一个重要方法,也是必然要求。表现在以下两方面:

一方面,体育教学内容的宏观教育课程文本的确定具有稳定性,虽然可每年进行一些修订,但是整体上是不变的,充分考虑了教育发展和国情需要,但是长期坚持的体育教学内容可能会出现历史局限性,具体表现为时代性的欠缺,可能不能满足当下学生体育学练的最"流行"的需要,这时可对整体教学内容进行细节方面的微调,将教学内容稍加改造,使其具有满足学生当下学练需要的某种元素和特点,以更好地调动学生的体育学练积极性。

另一方面,现代体育教学实际发展要求体育教学应符合当下实际,因此改造传统体育教学内容是一种必然。现阶段的体育课程教学组织与实施过程中,为了使传统体育教学内容更好地发挥其优势,为体育教学服务,对传统体育教学内容进行适当改造是一种教学组织应符合体育教学发展的必然要求。

对传统体育教学内容的科学、合理化改造是有章可循的,主要是对某个具体的学校体育教学内容资源而言,从中提取一些要素,改变一些要素,增加一些要素或舍弃一些要素,如降低难度、简化规则、游戏化、实用化、生活化,以形成一个新的体育教学内容。

(四)新兴教学内容引进

学校体育教学的发展受多种因素的影响,体育运动的不断发展就是影响学校体育教学发展的一个重要因素,新兴体育运动项目的出现为学校体育教学提供了更加丰富的体育教学内容。

学校体育教学应符合时代发展特征,并在教学中充分考虑学生的当下的体育运动项目参与爱好和需求,以激发和调动学生的体育学习和参与积极性。因此,在体育教学不断向前发展的过程中,必然会涉及一些新的体育运动项目的引入。

进入21世纪以来,各地区学校中被逐渐引入的新的体育运动项目教学内容主要有街舞、瑜伽、拓展训练、户外运动、高尔夫、冰雪运动等,这些新兴的体育运动项目引起了广大学生的学习兴趣和好奇心,体育教学收到了不错的效果。因此,吸引新兴的体育运动项目是切实可行的,能为体育教学注入新的活力,有助于激发学生体育学习的热情。

新时期,在我国"健康中国"和建设"文化自信"的社会大背景下,更多的民族传统体育项目内容被纳入到学校体育教学中去,这些体育教学内容令学校体育教学内容更加丰富多彩,极大地满足了学生追求新鲜的体育项目的心理。在一些少数民族高校,我国各地学校充分结合各个民族体育发展实际,将一些出色的民族特色体育项目纳入到学校体育教学中去,体现了体育教学的特色。

应注意的是,在引进现代的新兴运动项目教学内容之前,应充分考虑当前体育教学中现有的原理、规则、方法、场地器材条件等,要考虑新的教学内容是否与本校条件和学生发展相适应,体现新教学内容的科学性、可操作性。

三、体育教学内容的科学选择

(一)选择依据

1.体育课程目标

体育课程目标是体育教学活动开展的活动指向,体育教学活动的展开都应围绕体育教学目标进行。体育教学内容的选择活动也应充分考虑到体育课程目标的要求,如果体育教学内容的选择不能为促进体育课程目标的实现服务,甚至是与体育课程目标的实现不相符、不相关、风马牛不相及,则体育教学内容的选择活动与接下来围绕体育教学内容的讲解、示范等教学活动的开展都将是毫无意义的,自然也就无法实现教学目标。

体育教学内容体系内容丰富,不同的体育教学内容都有可能实现同一个体育课程教学目标,但哪一部分教学内容的选择和实施最能高效地实现体育教学目标,体育教师在选择体育教学内容时必须要综合对比分析、谨慎选用考虑。

2. 客观教学规律

教学具有一定的规律性,并不以个人的意志为转移,体育教学也是如此。这种客观规律表现在多个方面,如体育教学内容的选择应符合学生身心、思维健康发展规律。

举个最简单的例子,小学体育教学内容就不能选择适合大学生的体育教学内容,在内容认知深度、理解难度上都应符合小学生的认知,体育锻炼内容的难度应符合小学生的身心承受能力,否则就是不科学的教学内容。这就是要求在不同教学阶段选择不同的体育教学内容。

3. 学生发展需要

体育教学内容的选择旨在通过学生多方面体育教学内容的学练促进学生发展、实现体育课程教学目标,满足学生发展需要就是体育教学内容选择的一个重要目标。

首先,体育教学内容的选择应符合学生的身心发展需要,通过教学内容的学练应促进学生的身体素质发展、生理机能水平的提高、满足学生的心理健康发展,能使学生形成积极向上、努力拼搏的健康的心态。

其次,体育教学内容选择应符合学生的认知发展需要。这里重点是指理论性体育教学内容的选择应符合学生当前的认知特点,并能促进学生的思考和启发,能有助于学生的抽象思维、发散思维的发展。

最后,体育教学内容应在促进学生整体多元发展的基础上,充分照顾到个别学生的特殊发展需要。

4. 教师教学能力

体育教学内容的选择者通常是教师，因为体育教师在开展体育教学活动时对于何种何样的体育教学内容实施具有绝对的决定权。体育教师最能了解自己在体育教学方面的优势和特长，也最了解自身的体育教学经验和不足，因此，对于何种体育教学内容的选择最能发挥自己的教学特长、优化教学过程、促进体育教学目标的实现，体育教师是最清楚的，所以，体育教师科学选择教学内容应结合自身的体育教学能力选择能科学和灵活处理的最优化的那部分教学内容。如此才能最大限度地发挥教师在体育教学的主导作用，提高教学质量。

5. 学校教学条件

学校教学条件是体育教学开展的基础，也是体育教学内容的讲解、示范、学练所必须具备的物质和条件基础，如教学内容的教具、幻灯片展示，运动技术的场地示范、体能练习所使用到的运动器材等，教学内容的科学性选择，应充分考虑实现这些体育教学内容所需的教学条件。

6. 社会发展需要

现代体育教学与社会发展紧密结合在一起，这正是新时期进一步重视体育教学对社会人才发展需求的重要作用体现。现代体育教学要求培养符合当代社会发展所需要的全面、高素质的人才，因此，体要育教学内容的选用应充分考虑到促进学生的社会性发展要求，应满足社会对人才发展的要求。体育教学内容的选择与教学活动开展不仅要促进学生当下的身心健康，也要有助于学生在走出校门之后能更好地适应社会生活，有能力承担各种社会工作所带来的身心压力，能轻松应对。

(二)选择原则

1.教育性原则

教育性原则是体育教学的重要原则,也是体育教学内容选择的重要原则之一。

体育教学内容遵循教育性原则要求如下:

(1)体育内容选择必须与体育课程的主要目标相匹配。

(2)体育教学内容选用应符合教育教学观、符合教学规律,与教学发展同步。

(3)体育教学内容选用应充分体现体育教学活动实施对学生身心、智力、社会性发展等的教育作用。

(4)体育教学内容选择应与社会的固有价值观同步,有利于促进学生的社会性发展。

2.科学性原则

结合科学性原则体育教学内容的选择应符合以下几点:
(1)符合客观教学规律。
(2)符合学生的身心、认知发展规律。
(3)符合不同阶段的教学目标实现对教学内容的要求。
(4)符合学校客观实际。

3.趣味性原则

体育教学的实施并非是一成不变的反复枯燥的技能学练,整个体育教学过程应充满趣味性,有助于学生的体育学练的积极性和主动性的调动。

趣味性教学内容选择要求如下:

(1)在体育教学内容负荷教学目标要求的基础上,尽量选择学生感兴趣的体育教学内容。

(2)体育教学内容应动静结合、难易交叉,避免教学内容的呆板单调。

4. 实效性原则

实效性原则是体育教学的时代性特点所要求的。体育教学是不断发展变化的，在不同的体育教学时期，体育教学内容不同、表现出一定的时代性特点，而这种时代性特点的把握就是体育教学对体育教师选择教学内容的实效性原则的体现。

体育教学内容选择应与当前体育教学特点相符，具体应注意以下几点要求：

(1)教学内容选择应避免"难、繁、偏、旧"，应体现创新、普遍、符合当前学生需求。

(2)体育教学内容的选择应符合最新的体育教学大纲的要求，不能摒弃最新大纲要求依照往年大纲要求选择。

(3)体育教学内容应选择普及性的教学内容，不能选择过于小众的体育教学内容。

5. 适应性原则

这里所说的适应，主要是指体育教学内容对学校环境的适应、对学生未来环境的适应。

(1)体育教学内容选择应符合学校实际条件，包括场地设施、教学风格特色等。

(2)通过教学内容的学习，应有助于促进学生以后更好地适应社会的发展。

6. 创新性原则

教学内容选择应符合体育教学规律发展，注重实际，在此基础上敢于拓展创新，不断丰富体育教学内容体系。

第二节　体育教学手段与方法的利用

一、体育教学手段

(一)体育教学手段的概念

体育教学手段,是在体育教学中所运用的辅助和促进体育教学过程开展的一切操作性方法,是体育教学系统的重要组成部分。

(二)常见体育教学手段

1. 实训教学

实训教学是一种传统体育教学手段,它主要是以课堂授课的形式来实现,在体育教学过程中,通过教师的讲解、示范,结合学生的训练,来实现学生掌握体育知识、运动技能的体育教学。

当前体育教学实践中,随着体育教学的不断深化改革,新的体育教学手段不断引进和尝试,实训教学覆盖整个体育教学的现象已经极少存在,但是,由于体育运动"以身体练习为主要形式"的特点,实训教学仍是现代体育教学的主要教学手段。

2. 多媒体教学

多媒体教学集文字、图形、声音、影像等于一身,能将各种不同的媒体信息有机地集成在一起,形成多媒体演播系统,具有教学的可嵌入度以及良好的交互性能。

相比于传统课堂讲解和示范教学手段,多媒体教学优点表现如下:

(1)多媒体教学技术可以实现一系列连续动作的动态演示,可实现定格、慢放、回放、角度转换等操作,使体育教学更加形象和生动。

(2)多媒体教学技术通过播放动感精彩的体育视频,可以瞬间抓住学生的兴趣,激发学生体育学习的热情与兴趣,或引导学生思考。

(3)多媒体教学具有智能性、集成性、储存性等特点,它以全数字化的方式加工、处理存储的,声音和图像等信息可以长久保存不变质。

(4)新时期,更加丰富的多媒体教学设备展现出了设备更便携、更方便、更快捷的特点,越来越便携的输出设备(如手机、笔记本电脑、平板电脑等),使得学生在需要时可以观看视频或图片,使得体育教学更加便捷、有效。

3.网络教学

计算机网络教学在体育教学中的运用,主要体现在校园体育教学学习网络的建立。在依托计算机网络的"教"与"学"的交互平台上,通过多样化的网络课程及其配套平台设置,如网络课堂直播、公开课、论坛等,借助于校园计算机网络建设和学生的网络设备利用,形成多元化的综合性网络课程教学体系。

和传统体育教学手段相比,网络教学具有以下特点和优点:

(1)作为一种新的体育教学手段,计算机网络教学改变了传统体育教学课堂教学的范畴,使体育教学中的各种体育运动技术、战术、身体训练、理论知识、体育文化、体育动态等诸多方面在互联网中全面共享,可实现对传统体育课堂教学的时间和空间上的拓展。

(2)计算机网络教学能将资源共享、师生互动渗透到传统体育教学的每一个教学环节和阶段,同时,能做到实时的交流与互动。

(3)计算机网络教学很好地解决了教学的延续性问题,同时,提高了教学维度。

在当今互联网时代,以课堂教学为主,以网络课程教学为辅的新型体育教学体系正在不断的建设和完善中,网络教学必将成为未来体育教学的常用和必备教学手段。

二、体育教学方法

(一)体育教学方法的概念

龚正伟研究认为,体育教学方法是在一定的体育教学思想指导下的教学方式、方法以及组织形式等的总和、总体。[1]

结合当前我国的体育教学实际开展情况,一个科学的教学方法,包括以下基本要素:

(1)目标要素:教学方法必须要有一个指向的教育目标,方法和手段为目标服务。

(2)环境要素:各体育教学方法所使用(或适用的)条件与环境不同。

(3)语言要素:体育教学方法通常会涉及口头语言或身体语言。

(4)动作要素:体育教学活动是一种以身体练习为主的教学活动,实践教学中很多方法涉及身体动作练习,动作要素是教学方法的重要组成要素,如游戏、竞赛法中都包括动作要素,在这些教学方法中,如果失去了动作要素,则教学方法就没有办法继续实施,也不会收到预期的教学效果和教学目标。

(二)常见体育教学方法

现代体育教学方法丰富、多样,结合体育教学的具体应用方式、场景,分为不同类型(表 4-2)。

---

[1] 龚正伟.体育教学论[M].北京:北京体育大学出版社,2008.

第四章 学校体育课程组织与实施体系的建设与发展研究

表 4-2 常见体育教学方法及内容

体育教学方法	内容
语言传递信息	讲解、问答、讨论等
直接感知	示范法、演示法、保护与帮助法、视听引导法等
身体练习	分解、完整练习、领会、循环练习等
探究活动	发现法和小群体教学法
情景和竞赛	游戏、竞赛、情景教学法

1.语言教学法

(1)讲解教学法

讲解教学法,是通过语言叙述输出教学信息的教学方法,在体育理论教学中常用。

体育教学中讲解教学法应用要求如下:

①讲解要明确,讲解与教学目标实现有关的内容。

②讲解要正确。讲解内容准确无误。

③讲解生动、简明扼要。教师的讲解应有助于吸引学生的听讲注意力,并帮助学生抓住讲解重点。

④讲解要有启发性。讲解过程中,善于诱导和启发,引导学生主动思考、举一反三。

⑤讲解的内容前后应有关联、符合逻辑。关联性教学内容的前后讲解有助于加深学生认知。

⑥讲解注意时机与效果。提高讲解效率,在学生注意力最集中、状态最佳时讲解重点、难点内容。

(2)口头评价法

口头评价是一种非常简单而且可以随堂和在课后都可使用的教学方法,主要是教师对学生的体育学练的语言点评,能起到重要的提点作用。

口头评价教学方法应用要求如下:

①多运用积极的评价,激发学生的积极性,促进教学活动的更好开展。

②使用消极评价指出学生的不足时,应注重语气和口气,避免打击学生,明确其提高的方法和努力的方向。

(3)口令、指示法

口令、指示法是体育教学常用教学方法,主要是用较为简短的字词句来提醒学生,以及时提示学生接下来的动作,和及时阻止学生的动作学练中出现的错误动作。

口令、指示法应用要求如下:

①教师应发音清晰、声音洪亮。

②教师对学生的口令、指示应尽量使用正面引导、积极性的词汇,并注意提示的时机。

②合理把握口令和指示的节奏。

2. 直观教学法

(1)示范法

示范法,在体育实践教学,如技术动作学练中应用广泛,通过示范,让学生了解正确的技术动作定型、过程。

示范法的应用要求如下:

①目的明确,注意关键动作环节展示。

②示范动作正确、流畅。

③示范动作方便学生观看,可多角度示范。

④示范应与讲解结合起来,以更好地加深学生对正确技术动作方法的理解与掌握。

(2)教具与模型演示法

体育教学中,会用到一些模型和教具,这些模型和教具的展示可令体育教学更加直观、生动形象。

教具与模型演示法应用要求如下:

①提前准备教具、模型。

②教具、模型全方位展示,如果介绍具体器材的使用方法可

以让学生近距离体验。

③注意教具与模型的使用保护。

(3)助力与阻力教学法

助力与阻力是对技术动作的外力施加,是体育实践教学中常使用的教学法,主要目的是帮助学生正确理解技术动作的用力幅度、大小、身体所在位置等。

(4)多媒体技术法

多媒体教学,是现代体育教学法,是利用多媒体技术开展体育教学的方法。

多媒体技术法应用要求如下:

①提前联系和安排多媒体教室。

②提前试用多媒体设备,确保教学如期、顺利开展。

③教师应熟练地对多媒体设备进行操作。

④提前编写好应用于多媒体教学的教学课件。

3.完整与分解教学法

(1)完整教学法

完整教学法,是指体育教学中教师组织学生进行完整的技术动作练习。一般来说,学生有较强的理解和模仿能力,就能使用完整教学法组织学生进行整个技术动作的学练、巩固、提高。

完整教学法应用要求如下:

①完整学练动作前先讲解动作。

②让学生完整练习动作前,教师应进行完整的技术动作示范,尤其是重点环节要示范清晰。

③完整教学法的应用应综合技术动作难度特点和学生的认知、模仿能力特点。

③对学生具有一定挑战性的技术动作,教师可考虑降低难度进行完整技术动作学练。

(2)分解教学法

分解教学法,简单来理解,就是将复杂的技术动作进行逐步、小段的分解,各节、各段依次施教的教学方法。分解教学法往往适用于难度技术动作。

分解教学法应用要求如下:

①对技术动作的分解要注意科学,不能打破各环节之间的有效衔接。

②分解后的技术动作依次教学,熟悉后注意组织学生对学习环节前后的衔接结合练习。

③技术动作分解与完整综合运用效果更佳。

4.预防与纠错教学法

预防教学法是对学生的错误认知、错误动作提前采取阻断措施的教学方法。

纠错教学方法是学生在体育教学中出现认知、动作错误后,及时予以纠正错误的教学法。

预防与纠错教学法应用要求如下:

(1)体育教学中,教师应在讲解过程中不断强化正确认知,避免学生错误认知。

(2)教师在备课时可结合自己的教学经验对学生可能会犯的错误做好预防预案。

(3)对学生的纠错,要注意正确技术动作的讲解,使学生明确产生错误的原因,及时改正。

(4)可结合口头评价、提示、指示帮助学生及时预防错误和改正错误。

(5)结合外力帮助:运用推、拉、托等使学生明确正确技术动作的本体感觉。

5.指导发现教学法

指导发现教学法,就是通过语言指导帮助学生发现体育教学内容的重点、难度,抓住技术动作的重心和关键环节,使学生更好地理解和掌握教学内容。

指导发现教学法应用要求如下:

(1)让学生养成预习的习惯,从而能使学生提前发现问题,带着问题听课。

(2)体育教师应注意教学过程中的语言、动作引导,注意举一反三,引导启发学生。

(3)教师可以组织学生进行小组合作,集合集体的智慧去发现教学内容中的问题。

(4)发现问题与分析问题是联系在一起的,教师应引导学生积极思考,找出解决问题的方法,在解决问题的过程中掌握体育教学的内容。

6.案例教学法

案例教学法,就是在体育教学中举例子,使学生对体育教学内容的理解更加简单、直观、形象。

案例教学法应用要求如下:

(1)举例恰当,避免举无效案例。

(2)对战术配合和战术组织的案例分析,要尽可能详细,并注意多角度(如攻、守)分析。

7.游戏教学法

游戏教学法就是在体育教学过程中安排各种游戏让学生参与并掌握教学内容。通过游戏方式方法开展体育教学,能令体育教学更加生动,有助于学生积极性的调动。

游戏教学法应用要求如下:

(1)游戏应与教学内容相关。

(2)游戏内容应选择学生感兴趣的内容、方式。

(3)游戏开始前,注意游戏规则、目的的讲解。

(4)游戏过程中,强调学生的积极努力、同伴协同配合。

(5)游戏结束后,教师应做客观、全面评价。

(6)注意教学安全。

8.竞赛教学法

竞赛教学法就是组织学生进行竞赛对抗,在实战中掌握具体的教学内容。

竞赛教学法应用要求如下:

(1)明确竞赛目的,讲解竞赛规则。

(2)分组合理,各组实力应相当,或结合教学需要安排差异性分组,体会具体情况下的战术应用。

(3)游戏结束后,教师应做客观、全面评价。

(4)注意教学安全。

第三节 体育教学模式的选用

一、体育教学模式概述

(一)体育教学模式的概念

"模式"由"model"翻译而来,是指某一事物的标准性形式或样式。[①]

教学模式,是对体育教学的标准形式的一种归纳概括。对体育消息模式的研究国外开展较早,研究目的主要是为了寻找体育教学的规律性,以实现一种较为稳定的体育教学活动组织,使体育教学活动组织和实施更加高效。

我国对体育教学模式的研究有多种定义,不同的学者从不同

---

① 李朝辉,等.教学论[M].北京:清华大学出版社,2010.

的角度对体育教学模式的概念进行了界定与描述,有人认为体育教学模式是教学活动框架设计,也有人认为体育教学模式是教学活动的顺序和程序安排,还有人认为体育教学模式是体育教学的理论设计。

关于体育教学模式,可从以下几方面深入理解:

(1)体育教学模式不是教学理论。

(2)体育教学模式是体育教学实践操作体系的概括。

(3)体育教学模式一旦产生,具有稳定性,可被以后的体育教学参考。

(4)体育教学模式不是教学程序,但可以表现出体育教学中对教学程序的安排。

(5)体育教学是一种体育教学科学开展的方法论。

结合教学模式的特点和体育教学的特点,可以将体育教学模式的概念描述为:"教学模式是在一定的体育教学理论以及思想的指导之下形成的体育教学活动的基本框架以及策略体系,它通过较为简约的形式体现在体育教学活动之中。"

(二)体育教学模式的构成

体育教学模式系统构成要素有如下几个:

1.教学思想

体育教学思想对体育教学模式的构建具有重要的指导作用。就我国体育教学思想的发展来说,我国体育教育与国家建设具有非常密切的关系,从受苏联的体育教学思想影响开始,我国的体育教学是"劳动与卫国体育制度"模式,之后,随着我国对外开放,体育教育领域引入了一些新的体育教学思想,教学模式构建更多的是强调学生的体育兴趣培养和体育活动参与,更注重教学活动的游戏开展和突出学生的活动参与。进入21世纪以后,学校体育越来越重视为终生体育和健康休闲体育服务,在构建体育教学体系中,教学内容更加丰富、教学方法更加多样,教学手段更加先进,体育教学模式也在不断创新。由此可见,教学思想对教学模式的重要影响。

2. 教学目标

教学目标是教学活动开展的重要依据,在整个体育教学系统中都处于非常重要的地位。

在体育教学模式的构建中,教学目标是重要参考依据,体育教学模式的构建要围绕体育教学目标来进行。

3. 操作程序

体育教学模式的操作程序,具体是指体育教学的开展环节或步骤。体育教学模式系统中,操作程序就是体育教学模式各要素活动的开展流程。在既定的体育教学模式中,教学流程是不能随意改变的。

构建体育教学模式,教学模式设计者应围绕体育教学目标的实现,合理安排各体育教学活动步骤,使体育教学活动能深入引导学生的体育学习,并随着体育教学活动的持续开展,使学生顺利完成体育学习任务,使教师实现教学目标。

4. 实现条件

实现条件是体育教学模式的重要影响因素也是一个重要构成要素,具体是指体育教学模式中的各种教学手段、策略,以及客观教学环境与条件。体育教学模式的实现条件因素对体育教学模式系统功能的实现的影响效果明显。

以新体育技术在体育教学中的应用为例,多媒体教学需要多媒体技术支持、网络教学需要计算机网络技术支持,如果没有这些条件做支持,就不能实现教学活动的顺利开展,教学模式就不具有可行性。

5. 效果评价

体育教学模式的应用效果的科学评价,有助于发现问题,并促进体育教学模式的进一步完善。

一个教学模式是否成功,应该有自己的评价标准和方法,针对不同类型的教学模式的评价,在标准和方法方面都应体现出教学模式特点,做的客观评价。此外,评价时,应注意评价主体的多元化。

6.效果反馈

教学模式的构建是否成功,需要教学效果反馈,以便于教师了解体育教学模式的实施效果,发现教学模式实施过程中的一些问题并解决这些问题。

教学实践对体育教学模式的反馈具体表现如下:

(1)正反馈:通过教学模式实施,收到了良好的体育教学效果,为以后教学开展提供了成功经验。

(2)负反馈:通过教学模式实施,收到了不好的体育教学效果,体育教师应该找出问题,并吸取教训,改善教学模式。

二、常见体育教学模式

(一)小群体体育教学模式

小群体教学模式是在教师的指导下,把学生分成若干个学习小组,同组学生之间通过互动、互助、互争,在激励机制下促进学生完成体育学习的教学模式。

1.优缺点

小群体教学模式通过在体育教学中的小群体建立,有助于增强学生的学习积极性;有助于培养学生良好的团队意识;有助于学生的团队协作能力的发展与提高;有助于增强学生的合作意识与合作能力;有助于学生交际能力的提高和表达能力的提高,增强学生的社会适应性。

小群体教学模式学生的社会性素质的培养需要花费的时间较长，可能会导致学生的练习时间的相应减少。

2.操作程序

小群体体育教学模式的操作程序具体如图 4-1 所示。

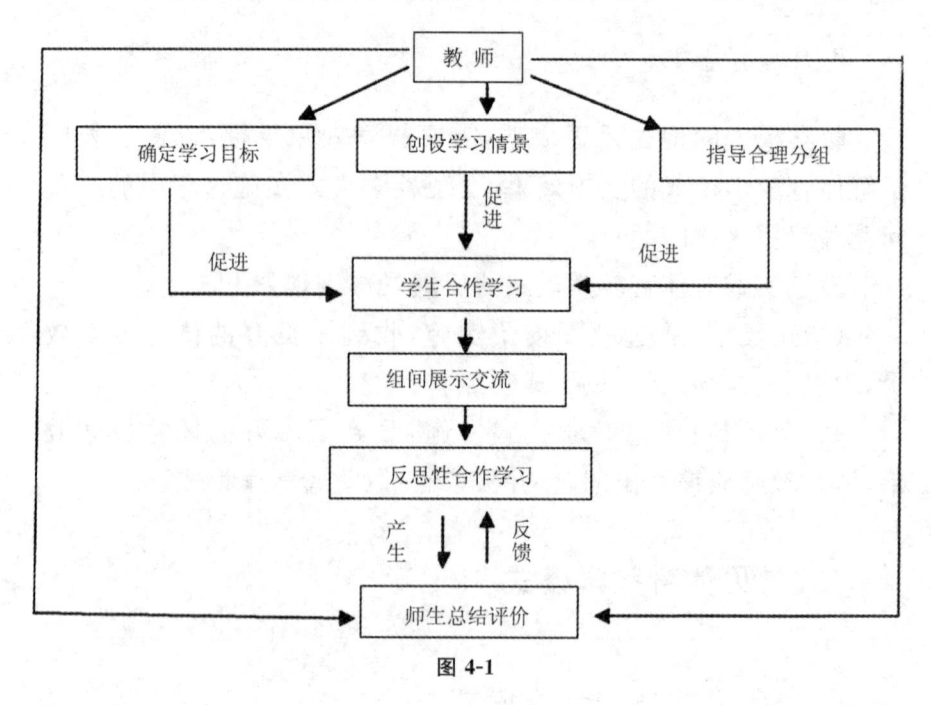

```
                        ┌─── 教  师 ───┐
                        ↓       ↓       ↓
                  ┌─────────┐ ┌─────────┐ ┌─────────┐
                  │确定学习目标│ │创设学习情景│ │指导合理分组│
                  └─────────┘ └─────────┘ └─────────┘
                              ↓促进
                  促进    ┌─────────┐    促进
                  ───→  │学生合作学习│  ←───
                        └─────────┘
                              ↓
                        ┌─────────┐
                        │组间展示交流│
                        └─────────┘
                              ↓
                        ┌─────────┐
                        │反思性合作学习│
                        └─────────┘
                         产↓  ↑反
                         生    馈
                        ┌─────────┐
                        │师生总结评价│
                        └─────────┘
```

图 4-1

（二）快乐体育教学模式

"快乐体育"强调体育教学应让学生在体育学练中感受到运动快乐。和其他教学模式相比，快乐体育教学从学生的角度出发重新审视了体育教育的价值，重视学生体育学习兴趣的培养与调动，从情感教学入手，强调乐学、勤学，育体和育心相结合，体现了与当前我国素质教育中的"以人为本"教学思想的一致性。

1.优缺点

快乐体育教学模式强调在体育教学中，应充分尊重学生的快乐体验，使学生在轻松愉快的教学环境中进行体育学习，能逐渐促进学生的体育学习和体育参与的积极性的提高,使学生能在日后主动进行体育学习。

快乐体育教学模式的教学内容和方法简单易操作,可能会导致学习内容单一,影响学生对体育学习兴趣的长期保持,不利于学生对较难体育技能的掌握。

2. 操作程序

快乐式体育教学模式的具体操作程序如图 4-2 所示。

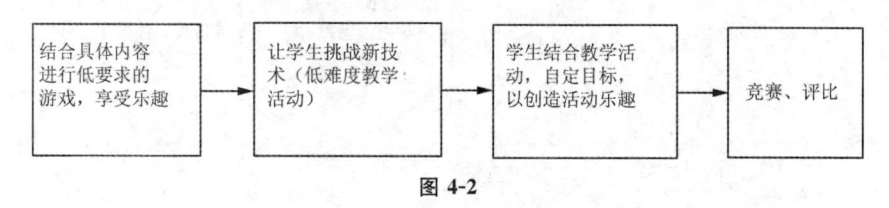

结合具体内容进行低要求的游戏,享受乐趣 → 让学生挑战新技术(低难度教学活动) → 学生结合教学活动,自定目标,以创造活动乐趣 → 竞赛、评比

图 4-2

(三)成功式体育教学模式

成功体育教学是新时期的一种新型的体育教学模式,它充分强调了学生在体育教学中的主体地位,要求通过体育教学,使学生克服一定的学习困难,并通过自己的努力,体会到学习的成就感,获得成功的学习经验,增强继续学习的自信心。

1. 优缺点

成功体育教学模式重视学生在体育学习中的成功感的获得,有助于学生的体育学习和参与的自信心的建立,有利于学生体育参与和学习积极性和主动性的调动。

成功体育教学模式的教学组织工作难度较大,在教学实践中受学习群体的限制,并不适合所有学生。究其原因,不同学生的成功目标制订存在差异性,如果目标设置较高,较难实现,会打击学生的学习自信;如果目标设置较低,则不能满足学生的成就感。因此,教学目标确定方面存在一定难度。

2.操作程序

成功体育教学模式的操作程序具体如图4-3所示。

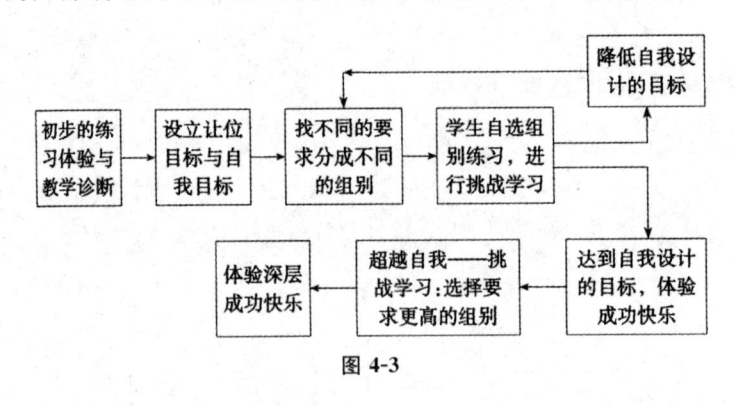

图4-3

(四)领会式体育教学模式

领会式教学旨在解决教学过程结构的改造问题,重视学生对整个运动项目的认知和对运动特点的把握,在教学内容方面,倡导应先尝试,后学习,教学顺序应结合具体教学需要,进行分解、完整的顺序调节,教学活动开展应促进学生全面掌握知识、技能。

1.优缺点

领会式体育教学模式,重视学生在体育学习中的整体学习与把握,强调让学生在实践中(活动中或比赛中)去发现问题,因此,有助于激发学生的学习兴趣和动机,有助于学生对学习内容的整体把握,有助于学生思考,有助于学生提高学习效率。

领会式体育教学模式的教学组织多为教学竞赛、教学游戏,对体育教师的教学组织能力有较高的要求,如果教学组织不当,可能导致教学秩序、场面混乱。

2.操作程序

领会式体育教学模式的操作程序如图4-4所示。

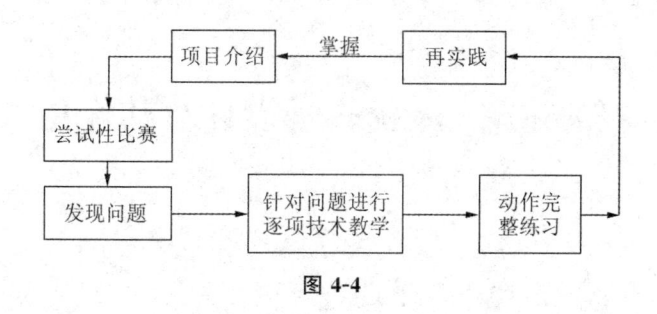

图 4-4

(五)发现式体育教学模式

发现式体育教学模式,又称"启发式体育教学模式",以学生为中心,是通过教师的指导,能够独立研究和发现事实和问题,并提高学生学习的主动性,加深学生的学习记忆,巩固学生的知识与技能的体育教学模式。

1. 优缺点

发现式体育教学模式,重视针对体育教学问题的教学情境设置,能很好地将学生引入教学情境中,重视发展学生思维,并激发学生对问题的分析、探索、思考,有助于提高学生的自主学习能力。

发现式教学模式对学生的自主学习能力的开发,需要较长的教学时间投入,会导致身体练习时间的减少。

2. 操作程序

发现式体育教学模式的具体操作程序如图 4-5 所示。

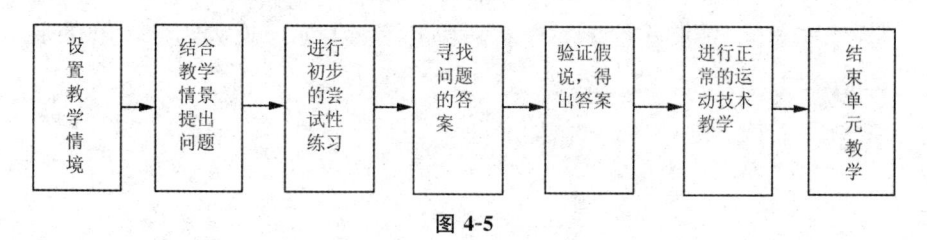

图 4-5

第四节　体育教学设计及其优化

一、体育教学设计概述

(一)体育教学设计的概念

教学设计是在进行教学活动之前,由教学执行者(通常为教育管理部门)根据教学目标的要求,运用系统方法,对参与体育教学的各个要素进行分析和策划,制订未来体育教学活动方案的过程。

国外对体育教学设计研究较早,如布里格斯、加涅、瑞达·瑞奇等人,他们对体育教学设计的认识分别有以下代表性观点。

(1)布里格斯(Leslie J. Briggs):教学设计是"分析学习需要和目标的传送系统的全过程"。

(2)加涅(R. M. Gagne):教学设计是"系统化规划教学系统的过程"。

(3)瑞达·瑞奇(Rita Richey):教学设计是"对学习情景进行规划的过程"。

我国对于体育教学设计的研究较晚,不同学者也有不同的概念阐述,一般认为,体育教学是结合具体教学环境、条件、现状,对体育教学问题进行预测,对未来师生活动进行规划,制订出的具体教学方案。[1]

---

[1] 杨雪芹,刘定一.体育教学设计[M].桂林:广西师范大学出版社,2008.

(二)体育教学设计的特点

1. 超前性

体育教学设计是在进行体育教学之前,事先对体育教学所做出的一种安排或策划。即体育教学设计在前,体育教学在后,体育教学设计具有超前性。

本质上讲,体育教学设计是体育教学活动的一种设想和预测,它是对即将进行的体育教学中可能产生的问题进行分析,并根据体育教育、教学理论和学生的学习需求针对教学活动中可能发生的问题提出解决方法的一种构想,是体育教师在进行体育教学之前对体育教学所做的安排或策划。

2. 理论性

体育教学设计以体育教学理论为基础。

具体来说,体育教学过程中,体育教学设计为教学理论在教学实践中的运用提供了活动基础,它以教学理论为基础,同时又为教学理论改进提供了重要条件。

3. 差距性

体育教学设计,是对未知的体育教学活动的设计,是对现有条件的分析、所采取的解决问题的方法等都具有一定的差异性。所以,体育教学设计方案总会与体育教学实践活动有一定的差距,在实施过程中需要调整和改进。

体育教学受多种教学因素的影响,是一个动态过程,不可能按照教师的设想一丝不差地实施,在体育教学实施过程中,总会有各种各样的问题出现,教学设计在教学活动开始前,对这些问题不可能一一预测到,与教学实际是有出入的。

4. 创造性

体育教学设计的创造性是体育教学设计的基本特点之一,因为教学设计是人的思维的结果,思维活动不是对以往个人经验、他人经验的完全复制,必然具有个人的新的想法和新的思维结果产生,这就是创造性。

对于体育教师来说,体育教学中体育教师创造性表现如下:

(1)针对以往体育教学中不曾出现过的问题,体育教师要进行思考并提出解决办法。

(2)对于不断变动中的体育教学活动,教师对各种活动的组织是创造性的思维结果。

(3)教师对体育教学的创造性、创新性安排可促进学生的学习积极性的提高,同时,也能促进体育教学设计和学校体育教学的不断发展与完善。

对于学生来讲,体育教学设计对学生的体育学习有引导、启发性具体表现如下:

(1)创新的体育教学设计可吸引学生体育学练的积极性与主动性,有助于提高学练效果。

(2)体育教师在体育教学过程中的创新思想和意识能引导和启发学生进行思考、创新。

二、体育教学系统要素的科学设计

(一)体育教学目标设计

体育教学目标设计过程如下:

1. 分析体育教学对象

学生作为体育教学目标的实施对象,要实现教学目标,必须分析教学中的学习者。应分析学生如下特点:

(1)发育特点:生理、心理。

(2)学习风格,思考方式方法。

(3)学习基础:身体条件、知识、运动经验等。

(4)学习和发展需要。

2.分析体育教学内容

教学内容是体育教学目标实现的信息载体,不同阶段的教学内容输出可促进不同的教学目标达成(表4-3)。

表4-3 分析体育教学内容步骤

步骤	内容	说明
1	单元体育学习任务的选择与组织	教学准备
2	单元学校体育教学目标的确定	
3	体育教学任务分类	教学基础
4	体育教学内容的评价	
5	体育教学任务分析	教学提高
6	体育教学内容的进一步评价	

3.确定体育教学目标

体育教学目标是否完整、明确、具体,对体育教学活动效果及顺利完成有重要影响。

体育教学目标的确定,应做到以下几点:

(1)明确对体育教学的哪个阶段的体育教学目标进行确定,如是课时目标还是年度教学目标。

(2)对教学目标描述具体、明确、精简,并明确体育教学目标与其他目标的关系(图4-6)。

(3)对教学目标实现过程中,师生的行为促进应有大体的安排,使"教"与"学"有针对性的合理开展。

```
体育教学总目标
    或
体育与健康课程目标
    ↓
课程领域目标
    ↓
课程水平目标
    ↓
单元教学目标
    ↓
课时教学目标
```

体育教学目标的纵向体系

```
          体育教学目标
    ┌─────────┼─────────┐
体育与健康知识  动作技能  情感、态度、价值观
```

体育教学目标的横向体系

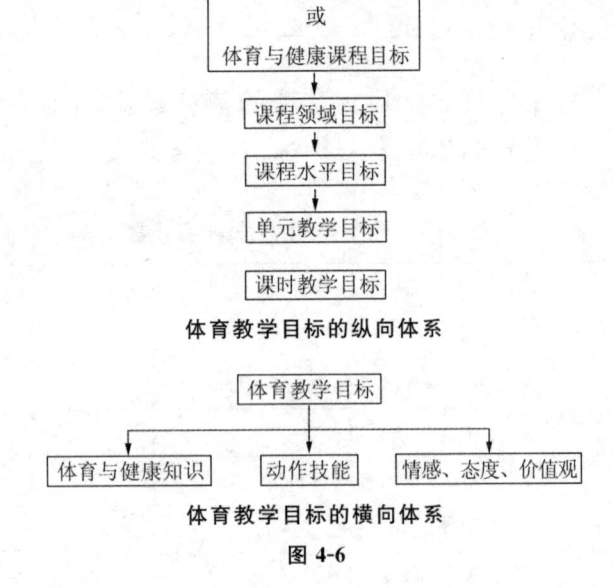

图 4-6

(二)体育教学组织设计

教学组织形式,是指为完成特定的教学任务,教师和学生按一定教学思想、教学目的、教学内容以及教学的主客观条件,组合起来进行活动的方式。

体育教学组织形式具有可变性,随社会、经济、政治、科学和文化的发展不断发展和完善。

不同类型的体育教学组织设计具体如下:

1. 课程水平教学组织设计

(1)根据单元教学计划目标及内容标准要求确定课程水平教学目标,研究教学目标。

(2)分解目标。对体育教学目标进行分解,将其具体到各个学期中去,对目标进行细化。

(3)对不同学期的体育教学目标的实现选用不同的体育教学内容,使各阶段体育教学内容的实施能为体育教学目标的实现服务,奠定师生交流的信息载体基础。

第四章 学校体育课程组织与实施体系的建设与发展研究

（4）充分考虑学校教学实际，合理安排课时，注意各部分体育教学内容的课时合理分配。

（5）制订简便、实用的教学计划。

2.课程单元教学组织设计

（1）确定单元教学目标。

（2）根据学期内容，确定单元教学内容。

（3）根据单元教学内容，确定学习步骤、课时数。

（4）根据学生特点，安排补充教学内容。

（5）设计单元教学计划。

3.课时教学组织设计

结合体育课堂教学实际，选用得当的体育教学流程与教学活动安排程序，如示范型、探究发现型和练习型（图4-7）。

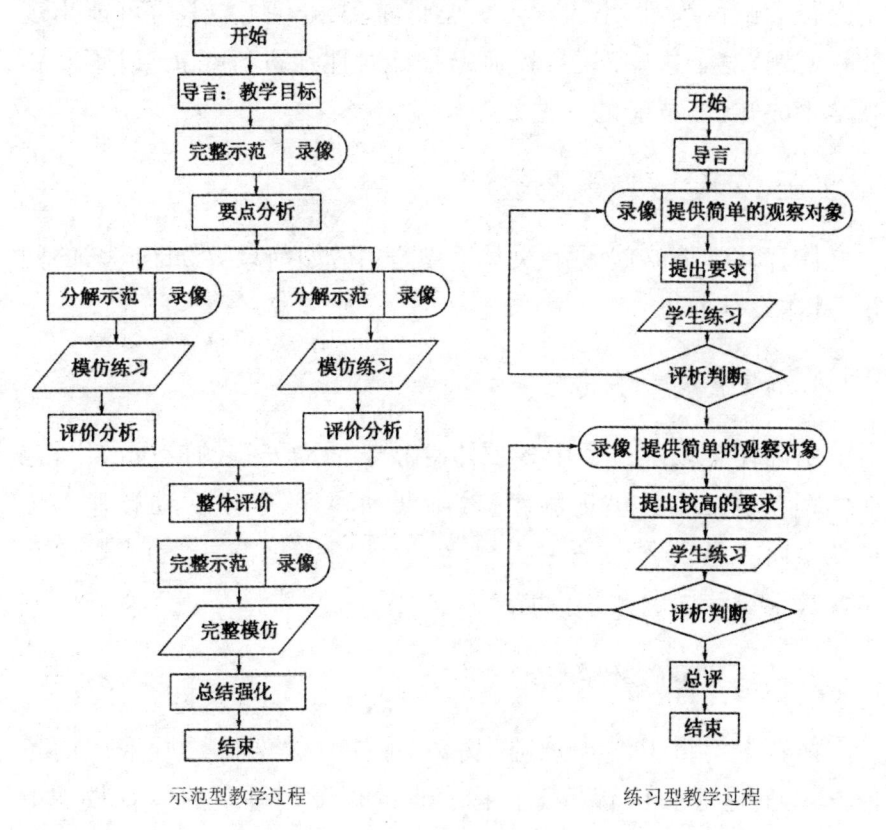

示范型教学过程　　　　　　练习型教学过程

```
开始上课
   ↓
  导引
   ↓
带问题的过程
   ↓
分析 → 探究
   ↓
 得出结论
   ↓
类似问题过程
   ↓
  分析
   ↓
  判断
```

探究发现型教学过程

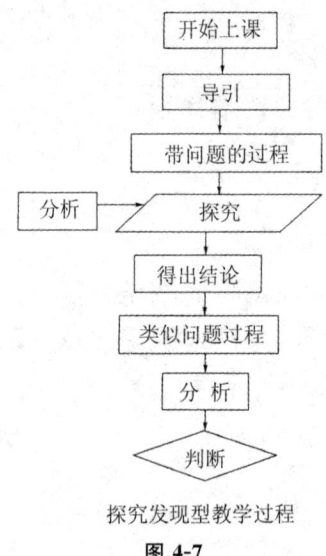

图 4-7

在具体的体育教学过程中,教师可通过设置特异的情景让学生进行尝试性练习、小组学习。尝试练习、学习中,学生可能出现各种问题,对于这些问题,教师应有针对性地进行纠正,以不断提高学生的知识、技能的掌握。

(三)体育教学策略设计

体育教学策略就是解决体育教学中"如何教""如何学"的问题,具体设计如下:

1. 确定体育教学顺序

明确体育教学过程中各项体育教学活动安排的前后次序,包括体育教学内容的呈现顺序、教师活动顺序、学生活动顺序。体育教学内容呈现顺序是主线,师生活动顺序是第二位的,避免在体育教学设计中的本末倒置。

2. 设计具体的教学形式

体育教学组织形式是师生为实现体育教学目标所采用的各种方式,它是学校体育教学目标实现的保证。科学的体育教学组

织形式,有助于提高学生的学习质量、促进学生的身心健康发展。具体组织形式有如下四种:

(1)班级教学组织形式(或称全班教学)。

(2)分组教学组织形式。

(3)个别教学。

(4)复式教学。

3.选择体育教学方法

正如前文所分析的,体育教学方法是体育教学体系的重要内容,科学选用教学方法是实现教学目标的良好策略。在体育教学中,教师应充分考虑具体的教学目标和任务,教材内容的性质和特点,学生的实际情况,教师自身条件,教学条件,教学方法的功能、适用范围和使用条件等来选用教学方法。

在体育教学实践中,注意体育教学方法的灵活、综合选用,以实现体育教学的最优化。

第五章 学校体育课程教学评价体系的建设研究

在体育教学中,成功有效的体育教学评价可以使学生受到极大的鼓舞,提高学生参加体育学习的积极性,促进学生体育潜能的发挥。在学校体育课程教学中,如何建设科学有效的体育教学评价体系,显得非常重要。本章将首先对体育教学评价的相关理论进行概述,具体探讨体育教师教学评价和学生学习评价,并进一步提出体育教学评价体系的建设对策。

第一节 体育教学评价概述

一、体育教学评价的概念

(一)教学评价

教学评价主要是根据教学目标和教学原则,运用科学可行的评价方法,对教学过程和教学成果进行价值上的判断,从而提供一定的信息来不断改进教学,并对被评价对象作出某种资格证明。

教学评价主要是以教学目标为依据,对学生学习过程中的各个方面进行客观衡量和价值判断,促进学生的全面发展。从总体上讲,教学评价主要是对教师教的能力和教的效果进行价值判断,同时也是对学生学习能力和学习效果的一种价值判断。

(二)体育教学评价

体育教学评价主要是以体育教学本身为评价对象,根据体育教学的目标,运用一定的体育评价方法,根据相关评价指标体系,对体育教学过程和体育教学成果进行一定的价值判断,为促进体育教学的顺利进行,提高体育教学质量提供可靠的参考信息和依据,促进学生身心健康的全面发展。

二、体育教学评价的特征

(一)体育教学评价目标的发展性

体育教学主要是以促进学生身心健康,提高学生体育兴趣、体育情感、体育态度等为主要教学目标的教学过程,促进学生的全面发展是教育界所有人士共同的目标。从体育教学评价角度来讲,促进学生身心的全面发展是评价的重要指南和目标。

(二)体育教学评价主体的多元性

随着体育教学的不断改革,体育教学的评价主体变得越来越多元化。体育教师和学生都应参与到体育教学评价体系当中,体育教师主要是对学生的体育学习过程和学习效果进行评价;而学生则可以对体育教师的教学过程和教学效果进行评价,从而不断形成一个教与学相互促进的评价模式。此外,也可以通过引导学生家长参与到体育教学评价中来,使体育教学评价变得更加客观和有效,更加全面、准确地反映学生身心的全面发展。

(三)体育教学评价方法的多样性

由于体育教学目标的多样性,在进行体育教学评价时,应该采用多样化的体育教学评价方法。多样化的体育教学评价方法,可以根据学生的特点进行相应的评价,采用不同的评价方法来评价学生的运动技能掌握情况，评价学生的体育知识和体育态度，同时还可以评价学生的体质变化情况等。总之，在进行体育教学评价过程中，应该采取多样化的体育教学评价方法，才能取得全面合理的体育教学评价效果。

三、体育教学评价的功能

（一）科学诊断功能

通过实施体育教学评价，体育教师可以客观、准确地评估体育教学的质量，从而对体育教学进行一次科学的诊断，促进学生更加清晰地认识到自己的体育学习效果，使体育教师可以更好地了解自己的体育教学效果，从而对体育教学过程进行不断改进和完善。

（二）调节功能

通过实施体育教学评价，可以使师生对体育课程教和学的情况进行一定了解，为促进体育教学活动的发展和完善提供依据。体育教师可以根据体育教学评价的结果改进自己的体育教学方法，学生可以根据相关评价结果来调整自己的体育学习策略。因此，体育教学评价具有一定的调节功能，使体育教师和学生可以调节自己的教与学的策略。

（三）激励功能

体育教学评价的另外一个重要功能是激励功能，通过体育教学评价，可以体现出体育教师的教学效果，同时也可以反映出学生的学习效果，通过这种结果反馈，可以激发体育教师的教学热情，激发学生的学习动机。科学合理的体育教学评价可以给体育教师和学生在心理上的满足和精神上的鼓舞，让体育教师和学生可以以更加积极的姿态投入到以后的教学和学习中来。

四、体育教学评价的原则

(一)客观性原则

保持评价的客观性是体育教学评价最重要的原则,在进行体育教学评价时,一定要注意体育教学评价标准的客观性,不能随意更改体育教学的评价标准。在实施体育教学评价过程中,体育教学评价的方法和手段一定要保持客观性。

(二)全面性原则

全面性是体育教学评价必须坚持的重要原则。在实施体育教学评价过程中,一定要对体育教学活动中的各个部分进行全方位的评价,这是因为,体育教学是一个由很多因素组成的综合体,在这个过程中,一定要把握好主次矛盾,并区分轻重,促进体育教学评价的全面有效推进。

(三)科学性原则

在实施体育教学评价时,一定要注意对体育教学评价的科学性原则,只有进行科学合理地评价,才能保障体育教学评价的真正效果。在进行评价过程中,不断提高体育教学评价方法、标准以及程序的科学化。这里所说的科学性,主要是指体育教学评价目标和标准的科学性,还包括体育教学评价方法的科学性。

五、体育教学评价的方法

实施体育教学评价的方法包括很多,在具体实施过程中,一定要注意进行灵活使用,常见的体育教学评价方法主要包括以下几个:

(一)观察法

观察法,主要是体育教学评价者根据评价目标和评价计划对体育教学活动中的评价对象进行认真观察,掌握到相关的评价资料,对体育教学评价对象进行评价的方法。

(二)问卷法

在实施体育教学评价过程中,问卷法是经常会被使用的一个方法,在这个过程中,通过科学严谨地设计相关问卷,能够准确合理地反映出体育教学的效果以及学生的体育学习效果,从而合理地进行体育教学评价。

(三)测试法

在我国的各级各类学校中,测试法是非常重要的一种体育教学评价方法,在运用测试法时,通常是从以下几个方面对学生的体育学习水平进行测试:

1. 体育理论知识的测试

在体育教学过程中,学生要学习的体育理论知识包括很多,其中,比较重要的主要包括体育文化知识、体育运动技术原理、体育竞赛规则、体育卫生保健知识等。在进行体育理论知识测试过程中,一定要把握好测试的重点,要全面、系统地检查和评定学生所学的理论知识,并且要学会灵活运用这些理论知识和能力。

2. 身体素质测试

人的身体素质包括力量、速度、耐力、柔韧和灵敏等五项身体素质。在体育教学过程中,通过对学生身体素质的测验,可以准确反映体育教学的成果,这是体育教学评价方法的一个重要组成部分。

3.运动技能测试

体育教学的一个重要目标就是让学生掌握一定的运动技能，因此，应该对学生掌握运动技能的情况进行测试，运动技能的测试主要是以运动技能动作掌握情况作为主要评价依据，通过对学生运动技术动作的客观测评，获得学生掌握运动技能的情况。

4.体育情感及态度测试

体育情感及态度测试，主要是通过对学生体育兴趣、体育态度、体育价值观等情感进行测试，可以通过一些情感量表来进行测量，这在一定程度上也可以反映学校体育课程的实施效果。

六、体育教学评价的类型

(一)过程评价和结果评价

1.过程评价

过程评价，主要是指在体育教学过程中，对体育教学手段和方法进行评价。例如，完成一个体育教学目标，是用游戏法好还是用竞赛法好；完成某个体育技能的教学，用完整法好还是用分解法好；学生某种体育技能的习得，是自主学习好还是与同伴协作完成好；等等。这些都需要对体育教学进行过程评价。过程性评价主要是对学生体育学习和体育教学实施的监督性评估，具有一定的可参考性。

2.结果评价

结果评价主要是指通过一定的手段和方法对体育教学的实施效果进行评价，如对学生体育技能的掌握情况，对学生体质健康的提升情况等，都可以反映出体育教学的质量，从而对体育教学的实施进行适当调整和修改。

(二)相对性评价和绝对性评价

1. 相对性评价

相对评价主要是在被评价对象所在的群体中建立一个基准,通过对每一个评价对象都与基准来进行相应的比较,从而对群体中每一个成员的相对优劣进行判断。一般来说,相对性评价都是以群体中的平均水平来作为基准的,从而判断出每一个评价对象在群体中所处的位置。对体育学习成绩的判定一般是以群体的平均水平为基准,以个人成绩在这个群体中所处的位置来判断。此类评价有很多,如学生体质健康的达标评价等。

2. 绝对性评价

绝对性评价主要是以体育教学目标作为参考依据,通过对体育教学设计的方案、教与学的成果做出相应的评价。这一评价方式,将评价的基准建立在被评价对象的集合或群体之外,通过将群体或集合中各个成员的某一指标同基准进行对比,来对其优劣做出相应的判断。评价的标准一般是《体育与健康课程标准》《水平教学计划》中的"体育教学大纲"等具体体育教学实施方案。

(三)定性评价和定量评价

1. 定性评价

定性评价是指以达到指标体系中项目要求的程度或各种规范化行为的优劣程度来表达的标准,一般用评语或符号来表达。在体育教学评价的过程中,对体育态度、体育动机、体育兴趣等可以采用定性评价的方式。

2. 定量评价

定量评价主要是针对体育评价资料所进行的"量"进行分析,

它主要是通过采用多元分析、统计分析等方法,来对所获得的资料和数据所进行的定量结论的评价。例如,在《学生体质健康标准》中,大学女生一分钟仰卧起坐的标准是 41 个以上为优秀,28~40 个为良好,20~27 个为及格,19 个以下为不及格。定量标准能够很好地促使评价结果的客观性和精确性得到不断提高。

定量评价侧重于从"量"的角度得出有规律性的结论,体育教学会涉及有关人的因素,诸多变量及其相互之间的作用关系都是比较复杂,所以为了对数据的特征及其规律性进行很好的解释,必须要通过定性评价来对定量评价的范围和方向进行适当规定。

七、体育教学评价的指标体系

体育教学评价指标体系的建立是体育教学评价工作成败的重要方面,在制订评价指标体系时,应该将体育教学评价目标具体化,使评价目标变成具体量表和尺度,主要包括以下几个方面的指标:

(一)与体育教学目标本身相关的指标

在进行体育教学评价时,首先要对体育教学目标本身的实现情况进行评价,这些指标主要包括三个方面的指标,分别是体育认知、体育情感和体育技能。体育认知主要是包括对体育文化的理解、识记、综合、运用四个层次;体育情感可以分为接受、反映、性格化、价值化四个层次;体育技能领域可以分为知道、学会、熟练三个层次。

(二)与学生体育学习相关的指标

1. 体育课堂中学生的表现

在体育教学过程中,体育教师可能会提出一些问题,通过学生在体育课堂中的表现,可以在一定程度上反映学生的体育学习情况。例如,学生对所提问题的最初反应是热烈、高兴、很快举手,还是不很主动但有思考,或是不理会、回避甚至恐惧;学生回答问题时的反应是思路敏捷、叙述流畅、答案正确,还是表达了思想但答案不完全正确,或是思路不畅、叙述不清、回答错误。

2. 学生进行体育学习的态度

在进行体育学习的过程中,学生如果能够主动地围绕体育教师的讲解和提问进行思考,并且积极进行体育技能的学习,针对不太懂的地方积极向同学和体育教师进行提问,刻苦参加体育训练,说明学生的体育学习态度是非常积极的,可以在一定程度上反映学生的体育学习情况。

(三)与体育教师教学相关的指标

1. 体育教师的综合素质

在实施体育教学评价过程中,通过对体育教师的综合素质进行评价,是重要的评价组成部分,在这个过程中,主要是对体育教师的教学水平进行判断,对体育教师的体育理论知识、体育教学能力等方面进行判断。通过判断体育教师在体育授课过程中的具体表现来进行综合判断,对体育教师的综合素质有一个总体上的认识。

2. 体育课堂控制能力

主要是对体育课堂的控制情况进行分析,从处理偶发事件的效果上推断教师维持正常体育教学秩序的能力。

3. 体育教学仪态

主要是从体育教师的教态、仪表等方面进行评价和分析,如果体育教师非常大方、自然和亲切,那么在体育教学过程中,就能吸引更多的学生参与其中。

4.体育教学技能

体育教学技能在一定程度上可以反映出体育教师的教学水平,通过观察体育教师的口语表达技能、示范技能和体育教学工作技能(包含体育教学设计、使用媒体、体育课堂教学和体育教学研究等技能),对体育教学技能进行评价是体育教学评价的重要一环。

八、体育教学评价的实施

体育教学评价的实施过程主要包括以下四个步骤:

(一)确立体育教学评价目的

在进行体育教学评价时,首先要确立体育教学评价的目的,这是因为不同的评价目的,需要采取不同的评价方法和评价手段。如果需要对体育教师的教学方法进行评价,那么在进行评价的过程中,可以采用相关的评价理论;如果需要对体育教学思想进行评价;那么就应该运用相关教学思想的理论进行评价;如果需要对体育教学效果进行评价,那么就要通过对学生体育课程的学习情况进行评价;等等。

(二)成立体育教学评价小组

在确立了体育教学评价的目的之后,应该成立体育教学评价小组,组成一个由体育专家、体育教师、学校领导组成的体育教学评价小组,成立体育教学评价小组的主要目的是为了更有效率地实施体育教学评价,为体育评价工作提供足够的智力支撑。

(三)制订体育教学评价指标体系

为了更加准确客观地实施体育教学评价,应该制订一套体育教学评价指标体系。在制订体育教学评价指标体系时,首先要确定一级指标,然后将一级指标分解成二级指标,随后再将二级指标分解成三级指标,使每个上级指标都包括一个下级指标群,每一个下级指标都是其上级指标的具体化,从而构成合理的体育教学评价指标体系。

(四)收集体育教学评价所需要的信息

在制订了体育教学评价指标体系之后,收集体育教学评价所需要的信息就成为关键部分。在收集相关信息时,可以采取以下方法:

1.观察法

观察法主要是根据体育教学评价指标的内涵以及体育教学评价对象的特点,有计划、有目的进行自然状态下(自然观察法)或控制条件下(试验观察法)的观察并获取评价信息的方法。观察法主要包括听和看。

2.问卷法

问卷法主要是采用书面的方式来对体育教学评价对象进行调查从而获得相关评价信息的方法,这种方法主要是建立在对相关问题进行广泛调查的基础上,获得被评价对象的相关信息。通常情况下,采用问卷法能够在比较短的时间内获得大量的信息,但对问卷和统计结构进行科学合理的编制和整理是一项具有较高要求、技术性较强的工作。

3.访谈法

访谈法主要是体育教学评价者根据访谈提纲,对评价对象进行面谈或小组座谈会的方式来进行信息搜集的一种方法。这种方法主要可以被用来对评价对象的心理状态进行了解,并且不会受到文字能力的限制。在进行访谈过程中,可以将人群进行分类,根据评价对象的心理适应状况,深入地了解相关问题。

4.文献资料法

文献资料法主要是通过查阅与评价对象有关的文字记载的材料收集评价资料的方法。文献内容包括学生考试问卷、体育教案、体育教学进度、体育教学计划与总结、各种文字与数字资料等。查阅文献时应根据评价内容查阅相关文献,可以以几种文献相互印证,也可与其他收集信息的方法结合使用。

5.测验法

测验法主要是根据评价内容来编制出一定的等级量表和标准的试题来对评价信息进行收集的方法。它主要用于易量化的评价对象和形成性评价。如用于收集学生各项体育能力发展状况、学生心理发展状况、学生掌握体育知识与技能情况、体育教师教学效果、学生人格特征状况等信息。

九、体育教学评价的意义

科学合理的体育教学评价,可以有效提高体育教师的教学水平,让体育教师不断改进自己的体育教学方法,从而不断提高体育教学的质量。同时,体育教学评价可以使学生更加了解自身体育课程的学习效果,从而不断调整自己的体育学习方法,改变自己的体育学习态度,更加有效合理地学习体育课程。此外,通过实施体育教学评价,可以为体育教学研究工作提供分析和研究的数据和资料,从而促进体育教学的可持续发展。总之,体育教学评价是促进体育教学发展的重要组成部分,也是提高体育教学质量的重要手段,必须给予足够重视。

第二节 体育教师教学评价

一、对体育教师综合素质的评价

在体育教学过程中,体育教师是体育教学的主导者,体育教师综合素质的高低对体育教学的质量有着深刻的影响。体育教师的综合素质主要包括思想政治素质、理论知识素质、能力结构素质和可持续发展素质等几个方面。

(一)思想政治素质

体育教师作为体育教育者,首先要具备过硬的思想政治素质,这也是体育教师必须具备的基本素质。在具体评价过程中,对体育教师思想政治素质的评价主要包括政策的贯彻和执行、工作态度、道德修养、行为习惯等方面。此外,体育教师的职业道德素质也是思想政治素质的重要组成方面,它要求体育教师对工作积极负责,并且一定要尊重学生,对学生一视同仁。对体育教师的思想政治素质进行评价时,可以采用教师评价和学生评价相结合的方式。

(二)理论知识素质

体育教师的理论知识素质,主要是指体育教师所掌握的理论知识的宽度和深度。通常情况下,体育教师不仅需要掌握体育理论知识,还要掌握体育教学的基本规律以及学生身心发展的规律等相关知识,这样才能在体育教学过程中游刃有余,不断提高体育教学的质量。因此,应该对体育教师的理论知识素质进行评价。

(三)能力结构素质

能力结构素质主要是指体育教师完成体育教学工作的能力，在体育教学的设计、组织以及体育教学内容的讲解等方面。

体育教师的能力结构素质还包括教师的身心素质。体育教师具有良好的身体素质是保障体育教学工作正常有序开展的基本条件。教师的心理素质则主要是指教师思维的敏捷程度、逻辑思维能力以及其洞察力等方面。总之，如果一名体育教师的能力结构素质越强，那么体育教学就越能够更加顺利地实施。

(四)可持续发展素质

教师可持续发展素质指的是教师接受和学习新知识、新技术、新思想的能力。体育教师只有不断提高自身的知识储备，不断学习和进步，才能够适应体育教学发展的要求，才能够推陈出新，不断深化教学研究和教学改革，促进体育教学的顺利进行。

二、体育教师教学评价的评价主体

(一)学生

学生作为体育教师教学的直接接受者，对体育教师课堂教学的评价具有重要的参考价值。学生对体育教师进行评价时，可以从体育教师的仪表、体育教学组织能力、体育教学语言、体育教学方法、体育教学内容、师生交流情况等方面进行评价。

(二)学校分管领导

在学校教育中，往往存在一些领导分管着体育教学，因此，对体育教师的教学评价，分管领导也可以参与其中，领导通过观摩体育教师的课堂教学，并根据自己的长期教学经验，从而提出一些自己的见解。虽然分管领导不是专业的体育教师，但是他们往往有着丰富的教学实践经验，可以给体育教师一些比较好的建议，供体育教师参考。

（三）体育教师同事

在对体育教师进行体育教学评价时，体育教师同事也是一个非常可取的评价主体，这是因为体育教师之间的相互评价可以有效促进教师的成长。教师同事之间的评价是一项专业性较强的工作，可以保障体育教学评价的信度和效度。在进行评价过程中，应该保持民主、和善和虚心学习的心态，进行教学评价的手段可以采用日常教学观察、教学课评优、教学研究活动等。通常情况下，体育教师同事的评价具有非常强的专业性，值得进行参考。

三、对体育教师教学实施情况的评价

（一）体育新课程标准的落实

体育新课程标准的落实，主要是通过观察体育教学是否符合体育新课程标准的目标，体育教师在教学过程中应该根据体育教师是否已经完成了体育新课程标准所规定的教学任务与教学内容等开展评价。具体而言，主要包括，体育教学是否符合学生身心发展的特点，是否按照体育教学目标的具体要求来实施体育教学。

（二）体育教学思想

作为一名体育教师，应该具备正确的体育教学思想，从而保障体育教学活动的科学性。现代体育教学的指导思想主要包括"健康第一""终身体育"等。体育教师应该从心态上对这些教学思想进行认可，通过实施体育教学，不断促进学生的全面发展。另外，体育教师还应该具有创新思想，在实施体育教学的过程中，不断改进自己的体育教学手段和方法。

（三）体育教学内容

体育教学内容是体育教学的重要组成部分,在教授具体体育教学内容时,应该做到丰富全面,又要突出重点。在体育教学实践过程中,体育教学内容的安排与教学目标一定要相适应,并且教学内容应该能够促进学生身心素质的全面提高,促进学生体能、技能、心理素质、社会适应能力和意志品质等方面都得到全面提高。

（四）体育教学方法和手段

在对体育教师进行体育教学评价时,应该对其使用的体育教学方法和手段进行评价。从整体上讲,体育教学的方法和手段一定要符合体育教学原则,体育教师应该选择适合学生身心发展的体育教学方法,不断激发学生的体育学习兴趣。同时,体育教师所采用的体育教学方法应该可以提高学生分析问题和解决问题的能力,培养学生的创新思维能力。此外,体育教师所采用的教学方法还应更好地促进体育教师和学生之间的沟通和互动。随着现代信息技术的不断发展,一些新形式的体育教学方法也逐渐应用在体育教学中,如慕课、翻转课堂等模式,这些方法和手段都很好地促进了体育教学的顺利进行。

（五）体育教学技能

体育教学技能是体育教师应该具备的最重要的能力素质。在体育教学过程中,体育教学技能可以很好地促进体育教学过程的顺利进行。体育教师应该充分整合多种体育教学资源,创设良好的体育教学环境;应该与学生形成良好的互动关系,并可以用规范、形象的语言进行讲解,同时,其示范动作也应该做到规范和优美;对于教学过程中的突发事件,体育教师也应该冷静、沉着地应对,保证体育教学的顺利进行。

(六)体育教学目标

在对体育教师进行评价时,体育教学目标的实现是非常重要的一个评价因素,这也是体育教师教学效果的直接体现。可以通过对学生体育知识和体育技能的掌握情况,体育兴趣和体育习惯的形成情况,学生体质健康的提升以及学生心理素质、人格等的完善情况进行具体评价。体育教学目标的实现是体育教师教学成果的结晶,是体育教师教学评价的重要组成部分。

第三节 学生学习评价

一、学生学习评价的主要内容

对学生进行体育学习的评价是体育教学评价的重要组成部分,通过对学生体育学习进行评价,可以使体育评价者对体育教学目标的完成有一个更加深刻的了解,从而为体育教学评价提供更好的反馈信息,促进学生的体育学习,通常情况下,对学生学习的评价主要包括以下几个方面:

(一)体质健康促进情况

促进学生的体质健康是学校体育教学的重要目标之一,因此,应该对其进行测量和评价,具体的指标体系可以参考国家相关文件执行。

(二)体育学习态度和情感

在对学生进行体育学习评价时,应该对学生的体育学习态度和情感进行评价,这在一定程度上可以反映体育教学的实施效果,通常情况下,对学生体育学习态度和情感的评价可以从以下几个方面进行：

(1)学生是否积极主动地参与体育课程的学习,主要通过观察学生在上课的出勤积极性得出结论。

(2)能否积极主动地思考体育教师提出的问题,为达到体育课程目标,反复进行各种技术动作的练习。

(3)对各种体育课程的学习都充满着好奇心和兴趣。

(4)虚心接受体育教师的指导。

(5)充分利用课余时间进行体育技能的训练。

(6)和同学积极讨论体育课程学习中遇到的各种困难和问题。

(7)积极参加学校组织的各种体育活动和竞赛。

(三)体育文化知识

学生参与体育课程学习,必须掌握一定的体育文化知识,成为真正热爱体育的人。因此,应该对学生掌握体育文化知识的情况进行评价,在对学生进行体育文化知识的评价时,可以从以下几个方面进行评价：

(1)体育的功能和价值。

(2)各种体育项目的起源和发展现状。

(3)我国竞技体育和群众体育发展情况。

(4)体育比赛的欣赏能力。

(5)我国民族传统体育的发展情况。

(四)体育技能习得情况

体育教学的一个重要目标就是让学生掌握一定的体育技能,因此,必须对学生的体育技能习得情况进行评价,在进行体育技能评价时,一般根据相应的量化指标或是体育竞赛的形式进行考核,如对学生的篮球运动技能进行评价时,可以通过对投篮投中的次数进行评价,也可以通过在小范围的篮球比赛中,对学生的篮球运动技能掌握情况进行评价。

(五)心理健康和社会适应能力

体育教学的一个重要目标就是促进学生心理健康和社会适应能力的提高。经过长时间的体育课程训练之后,学生展现出积极、乐观、自信、坚韧的品格,并且可以很好地调节自己的心理状态,那么,学生的心理健康水平就得到了一定的发展,体育教学的目标也就得到了一定的实现。培养学生良好的社会适应能力也是体育教学的一个重要目标,良好的社会适应能力主要表现为尊重他人、懂得换位思考、具有良好的人际交往能力、团队协作能力等。在评价和测量其心理和社会适应能力时,可参考相应的心理学量表进行测量。

二、体育教师对学生学习过程的评价

体育教师对学生学习过程的评价,是体育教学评价中一种比较常用的评价方式,这是因为评价的主体既是比较有经验的教师,而评价的对象又是能反映教学效果和教学过程的学生。

过程性评价又称为形成性评价,是指在体育教学活动过程中,为了及时了解情况,明确活动运行中存在的问题,及时修改或调整活动计划,以期获得更加理想的教学效果所进行的一种即时性评价。过程性评价较为重视评价反馈功能的发挥,通过采用各种评价方法与工具经常对学生的学习进行评估,并将结果及时反馈给学生,因而能够实现对教学和学习的有效控制。因此,过程性评价具有直接、具体、及时和针对性强的特点。过程性评价所涉及的内容多、方法与手段也十分灵活多样。

过程性评价的评价内容包括学生的体育态度(包括体育参与意识、体育课堂表现、学习的努力程度、体育课出勤等)、体育知识(包括所学项目的健身价值、基本技术要求以及体育锻炼方法)、体育行为能力(包括学习与锻炼的方法、自控能力以及良好习惯的养成)。过程性评价的主要方法包括:表扬、批评、激励、抑制;

过程性评价主要采用的评价手段包括：口头指示、眼神、手势、简短评语、技能小测验、问卷等。

三、体育教师对学生体育成绩的评价

体育教师对学生体育成绩的评价是体育教师对学生体育学习效果的"总结性"评价，这种评价一般会在学期、学年或者某项体育课程结束以后进行，为了判断教学的实际效果而进行的评价。对学生体育成绩的评价可以分别对学生的体育课学习情况、体育基础知识的掌握情况、身体素质和运动能力的提高情况、运动技能与技巧的习得情况进行评价。为了可以客观反映学生的体育学习成绩，可以参照以下方法进行综合评价(表 5-1)。

表 5-1　教师对学生体育成绩的评价

学生体育成绩评定(100 分制)			
方面	分值	评分内容	评分方法
运动技能	30	针对运动技能的掌握情况	技能测评
体育知识	20	运动项目知识，体育与健康知识	体育知识考试
体育态度	10	出勤率、体育课程的参与	出勤统计和主观判断
身体健康	30	体质健康、身体素质提高	体质健康测定和身体素质测验
心理健康和社会适应	10	性格改善、团队协作能力	根据有关行为和态度的问卷来测定

四、学生学习的自我评价

学生对自己学习过程的评价属于自我评价，主要包括学生互评和学生自评两个方面，是对学生的成绩进行评定的一个重要组成部分,有较高的参考价值,是教师对学生评价的补充。

(一)学生互评

学生互评是针对体育学习小组里的学习成员进行相互评价和鼓励的手段,进行学生互评有助于学生提高自己的观察能力和评价他人的能力,有助于学生之间形成团队意识。但是,在进行学生互评时,应该注意以下几个方面的内容:

(1)将学生互评的结果引入到评价结果当中,注意合理分配教师评价、学生自评、学生互评的权重。

(2)要经常使用学生互评,而不是仅使用一次或两次。

(3)要不断引入正确、合理的评价指标。

(4)引导学生进行公正、无私、客观地进行评价。

(二)学生自评

学生自评是指学生对自己的学习态度、运动技能、情意表现、运动参与以及合作意识等所进行的综合评价。

"学生自我评价"的内容包括:学习目标、参与程度、学习效果以及拼搏精神等,方法可采用自评、自省、自我暗示、自我反馈等,手段包括目标的回顾、成绩前后对比、学习卡片、行为的检点等。

在进行自我的评价过程中,应该采用随堂记录卡、制订体育学习计划、体育锻炼日志等方法进行。

第四节 体育教学评价体系的建设对策

一、体育教学评价体系的发展现状

随着体育教学改革的不断推行,体育教学评价体系也发生了积极的变化,主要包括以下几个问题:

（一）体育教学评价的定位不准确

体育教学评价是对体育教学效果和质量的评判，是对体育教师教学和学生体育学习的指导性方案。但在实际执行过程中，有的教师和学生为了达到评价目标而进行评价，把教学评价作为体育教师和学生学习的最终目标，这在一定程度上限制了体育教师的教学发展和学生体育学习的积极性，不利于体育教学目标的完成。

（二）体育教学评价的主体不合理

通常情况下，我国高校体育教学中，教师在评价中占据绝对主体的作用，忽视了学生作为评价主体的作用，学生作为高校体育课程的参与者，应该参与到体育教学评价体系中来，充分调动学生主动参与体育课程的积极性，从而促进体育教学评价的合理发展。

（三）体育教学评价的内容不全面

目前，高校体育教学评价的内容主要是以体育技能的习得、身体素质的提高为主要内容，忽视对学生体育态度、体育知识、体育情意等方面的考察与评价，而这些内容对于学生形成终身体育的意识和能力，并践行终身体育具有非常重要的作用。

（四）体育教学评价的方法不科学

现阶段，我国高校体育教学中，常采用的评价方法主要包括终结性评价、定量评价及绝对性评价，忽视了过程性评价、定性评价等方法，通常采用一些量化的方法来对学生的体育学习效果进行成绩测定，忽视了在体育课程学习过程中对学生学习态度、团结协作能力等方面的定性评价，不利于调动学生体育学习的积极性。

二、体育教学评价的价值重塑

(一)体育教学评价理念的价值重塑

在新时期,体育教学的理念为:以人为本,健康第一,促进学生的全面发展。因此,在进行体育教学评价时,也应该继续贯彻这样的理念,在具体进行评价的过程中,应该注重教师和学生的主体地位,把学生健康放在体育教学评价的首要地位,并把促进学生的身心全面发展放在体育教学评价的重要地位。

(二)体育教学评价主体的价值重塑

多元化的评价主体是体育教学评价的发展趋势,因此,应该采取多元化体育教学评价主体的价值理念。在实施体育教学评价的过程中,除了发挥体育教师的主导作用以外,应该将学生纳入到评价体系中来,只有学生的参与,才能保障评价的完整性和合理性。此外,在评价过程中,还可以让同行体育专家和学校领导参与其中,在整个评价体系中,各个评价主体是平等协作的关系。因此,应该积极发挥各个评价主体的作用,促进体育教学评价的不断完善。

(三)体育教学评价内容的价值重塑

在进行体育教学评价过程中,主要是对体育教学评价的内容进行重塑,要全面地对体育教学的各个方面进行评价。通过对学生体育学习效果、体育教师教学情况、体育教学过程等各个方面进行评价,建立一个全面有效的体育教学评价体系。

三、体育教学评价体系建设的具体对策

(一)更新体育教学评价的理念

目前,我国正在不断推行素质教育,而体育教育是实施素质

教育的重要组成部分,因此,在进行体育教学评价时,一定要更新理念,首先要将素质教育的理念融入体育教学评价体系当中,将学生思想道德素质、体育文化素质、体育技能素质和身心健康发展素质等内容都纳入到评价体系当中去,才能实现体育教学的目标,促进学生的全面发展。

此外,在健康中国的时代背景下,"健康第一"的理念也应该成为体育教学的重要理念。因此,在体育教学评价过程中,一定要对学生的身心健康作出正确的评价,从而适应时代发展,促进体育教学目标和任务的达成。

(二)采取多元化的体育教学评价目标

传统的体育教学评价主要是以学生是否习得体育技能为评价的主要目标,随着体育与健康新课程改革的不断推进,体育课程的学习目标包含了运动参与、运动技能、身体健康、心理健康、社会适应健康等多方面的目标,因此在进行体育教学评价时,应该从多个维度考虑体育教学评价的目标,做出全方位的体育教学评价。

(三)整合体育教学评价的内容

当体育教学目标确立和完善以后,应该对体育教学评价的内容和进行整合,不断完善体育教学评价内容,主要包括对学生体育技能的掌握,体育态度和情感的评判,学生身心健康的不断发展等。通过整合体育教学评价的内容,可以使体育教学评价体系变得更加完善。

(四)运用多种体育教学评价方法

1.结果性评价和过程性评价相结合

在体育教学评价中,不能只进行结果性的评价,对学生通过体育课学习的运动技能水平进行评价,还应该结合学生在体育学习过程中的态度、情感等因素进行过程性评价。将结果性评价和过程性评价紧密结合起来，可以使教学过程变得更加合理，从而提高教学的质量。

2.定性评价和定量评价相结合

在体育教学评价过程中，要注意将定性评价和定量评价结合起来，不能只进行定性评价，也不能只追求定量评价。例如在足球教学中，不能单单以学生颠球数量的多少来判定学生运动水平的高低，应该结合学生在整个学习过程中的体育参与度，体能水平等综合判定。而在进行专项体能的教学时，如跑动的距离、仰卧起坐的数量等有一个明确的要求，从而实现体育教学的目标。因此，在体育教学过程中，一定要注意将定性评价和定量评价结合起来。

3.整体性评价与个体差异性评价相结合

对于一堂体育教学课来说，通过对全体学生学习效果的整体评价，是对体育教学效果的检验指标。但是，由于学生身体素质和运动能力的不同，导致在体育学习时，不可能取得同样的效果，必须有针对性地进行个体差异性的评价，区别化对待，有利于使学生建立体育学习的信心，使学生对自己的体育学习效果有一个更加清晰的认识，从而更加积极地参与到体育学习中去。

4.诊断性评价、形成性评价和终结性评价相结合

体育教学评价应改变以往单一的评价方式，实行综合评价，即有机地将诊断性、形成性和终结性评价结合起来进行评价。这三个评价方式各具特征与优势，诊断性评价有利于检查学生对某一教材的学习准备状态；形成性评价有利于及时发现体育教学过程中存在的这样或那样的问题，并在发现之后及时进行反馈，反馈结果有利于完善体育教学工作；终结性评价有利于检查某一阶段的教学情况，从而对这一阶段的教学水平有一个清楚的认识。

有机结合这三种评价方式,有利于促进体育教学评价的发展与完善。

5.教师评价与学生评价相结合

传统的体育教学评价是以教师评价为主体地位的,这种评价方式不能很好地反映体育教学的实施效果。在评价过程中,应该采取教师对学生的评价、学生对体育教师的评价、学生之间的评价以及学生自评相结合的方法,从而实现评价主体的多元化,提高评价真实度。

(五)采用多种体育教学评价手段

在具体实施体育教学评价的过程中,应该采用多种体育教学评价手段,除了传统的体育技能水平达标测试以外,还可以采用先进的可穿戴设备进行体育学习的监督和评价,此外,针对学生体育文化的学习,可以通过向学生布置一些体育作业,如通过让学生制作PPT讲述自己对某个体育项目的认识。通过学生参与校园体育活动的次数以及体育社团的情况来评价学生体育学习的积极性等。

(六)建立合理的体育教学评价机制

体育教学评价在体育教学过程中占据着非常重要的地位,应该建立一个合理的体育教学评价机制,在这个机制中,各个评价要素一定要紧密结合。通过不断更新体育教学评价的理念,明确体育教学评价的目标,完善体育教学评价的内容,建立科学的体育教学评价方法,从而不断建立一个合理的体育教学评价机制,保障体育教学评价的顺利实施,为体育教学的顺利实施不断保驾护航。

第六章 学校体育课程教学安全管理体系的建设研究

尽管目前我国学校体育安全教育受到广泛关注;学校体育安全的责任主体相对明确;学校体育安全保障的政策法规渐成体系;学校体育硬件设施配置日益丰富;学校体育医疗环境逐步改善,但是依然存在着缺乏专门的学校体育安全保障制度;学校体育安全的组织保障体系不健全;学校体育安全的医疗保障严重滞后等问题。本章重点探讨学校体育安全教育体系的建设,研究体育教学中的疲劳和恢复、营养补充、损伤康复相关知识,分析体育教学中学生体质健康的监控与管理,以为多学科理论下学校体育课程体系的建设与发展研究提供参考。

第一节 学校体育安全教育体系的建设

一、学校体育安全教育体系的概念

体育安全就是将身体活动作为运动的基本手段,在促进学生身心发展的过程中,尽量保证安全、不受到威胁、不出现事故,没有造成设备财产损失或者危害社会环境。

诸多学者在深入研究安全教育体系的内涵后,对它的概念进行了界定,认为安全教育体系就是通过充分发挥学校各个方面的要素,仔细考虑体育安全问题的影响因素,包含了体育活动安全预防、事故现场控制与救援以及安全事故的后续处理与风险转移等方面的体系。

二、构建学校体育安全教育体系的依据和原则

(一)构建学校体育安全教育体系的依据

1. 现实需要

一直以来,关于学校体育安全事故的报道屡见不鲜。这些事故的发生不仅影响到学校体育活动的正常进行,同时也给学生、家长造成了极大的伤害,严重影响到学生参加体育活动的积极性及体育教师教学的主动性。因此,构建完善、合理、系统的学校体育安全教育体系是目前学校体育工作开展的迫切要求。

2. 系统理论

纽约工业学院的勘提里等人提出新型"管理—人—机—环境"系统工程学理论,研究了以管理(规章、制度等)作为边界的人、机、环境之间的动态关系,系统将处于正常状态、近事故状态和事故状态。这三种状态基本可以达到社会可接受的安全水平线以上。

学校环境的复杂性以及体育的特殊性,需要将学校体育安全与新型"管理—人—机—环境"系统工程学理论相结合,最终构建学校体育安全教育体系。这一体系具有系统性、科学性、可操作性和实效性的特点。

在系统工程学理论中的"人"主要指在学校内或者学校外的人;"机"主要指物质基础,如体育场地设备,体育建设过程中需要的资金;"环境"主要是指"人"和"机"和谐相处的特殊条件,包括校内环境和校外环境两部分;管理主要是对"人""机""环境"三种不同内容的综合管理。

3. 法律法规

当发生体育安全事故后,就需要完整的法律和法规对体育安

全事故进行明确的责任划分。根据《中共中央国务院关于加强青少年体育增强青少年体质的意见》文件要求，学校应加强体育安全管理，指导青少年科学开展锻炼。

任何一所学校都需要培训体育教师的安全知识和技能，同时还要提高学生们的安全意识，保证体育场馆和设施的正常运转。完善青少年校外体育活动的管制制度，明晰校园安全责任主体，制订校园意外伤害事件的应急管理体制，完善青少年意外伤害保险制度，开发适应青少年特点的锻炼项目和健身方法，为青少年体育锻炼提供科学指导。

《学校体育工作条例》《学校卫生工作条例》《学生体质健康标准》等相关法律法规也对学校体育管理、学校体育卫生工作等方面进行了规范。这些法律法规可以为学校体育安全事故的预防以及处理给予指导，并为学校体育安全事故的预防和处理提供法律、法规依据。

(二)构建学校体育安全教育体系的原则

根据学校体育安全事故的特点，构建学校体育安全教育体系要坚持四点原则。

1. 系统性原则

学校体育安全教育体系是由四个子体系构成了一个大系统，其之间的要素相互联系、相互制约、相互影响。

(1)规律性

学校体育安全教育体系各个要素的构成需要遵循一定的规律，安全教育体系各构成要素之间会形成一个有序的结构。

(2)关联性

综合考虑各个系统论之间的相关原理，总结各个子体系之间的相互关系，进而形成完整的学校体育安全教育体系。

(3)发展性

作为一种不断发展变化的动态性系统，安全教育体系内部的构成要素在不断地变化,学校准确保持好自身的状态,横向对比各个子系统,体现安全教育体系的整体风貌。

(4)整体性

学校体育安全教育体系属于一个比较庞大的系统,系统总体功能所发挥出的作用肯定大于部分功能所发挥的作用之和,在教育体系构建的过程中,要能够突出系统整体性的特点。

2.科学性原则

科学性是构建学校体育安全教育体系的基础,为构建安全教育体系提供了科学依据。

(1)构建指导思想具有科学性

构建体育安全教育体系能够按照学生身心发展的客观规律进行,这是科学化构建教育体系的基础。学校管理者要遵守体育安全事故发生的规律,按照体育安全事故发生的特点,树立正确的指导思想,构建科学合理的安全教育体系,建立系统性的安全教育观念,培养差异性的思维逻辑能力。

(2)构建方法具有科学性

构建学校体育安全教育体系,需要依靠专家学者的经验、知识积累,以管理学、社会学的理论作为指导,选择科学判断的定性分析方法,运用运筹学、系统分析和信息控制的基本知识,通过数理分析判断定量分析方法。

在学校管理者进行安全教育体系的构建过程中要发挥出专家的经验和智慧,通过数字模型来进行系统整理,分析总结出一套行之有效的科学管理体系。

(3)构建程序具有科学性

学校管理者要解决学校体育安全问题,就需要构建科学的体育安全教育体系,遵循一定的科学程序。构建学校体育安全教育体系的科学性直接关系到教育体系的质量,能否真正起到安全保障的作用。教育体系的直接目的是使系统构建更加规范化、条理化,在此基础上,提高管理者的管理效能,收到预期效果。

3. 有效性原则

总结出不同时期体育安全教育问题的类型和特点,促进学校体育安全教育体系的不断创新,收集体育安全信息是构建安全教育体系的基础。采集到的信息具有一定的时间期限,其价值大小和所提供的信息时间具有密切关系。

当形成了一定的信息量,就需要提高采集信息的速度,时间越早就可以越快实现更大的价值,安全教育体系就可以发挥出更大的作用。有效性原则包含了以下几点:信息反馈通路的畅通性、信息收集的准确与快速性、安全教育体系更新的及时性。构建体育安全教育系统时必须满足有效性原则,排除不合理因素。

4. 操作性原则

体育安全教育体系的构建过程是一个非常复杂的过程,其中涉及了很多因素,在构建过程中要注意操作性,能够控制信息的反馈速度和途径,合理利用物资资源,协调配合人员安排。

三、构建学校体育安全教育体系

人、物资、环境、管理等都会对体育安全产生一定的影响。学校体育安全教育体系是一种控制系统,针对学校体育安全影响因素采取所有控制手段的有机结合,针对任何时期、任何阶段、任何范围内体育活动中存在的安全问题而建立。

学校体育安全教育体系具有操作性和时效性,本质上是一个管理系统,具有一定的可控性。将体育安全直接影响因素中的人员、物资、环境作为管理的对象,体育安全教育体系分为四个不同的子系统(图6-1)。

第六章 学校体育课程教学安全管理体系的建设研究

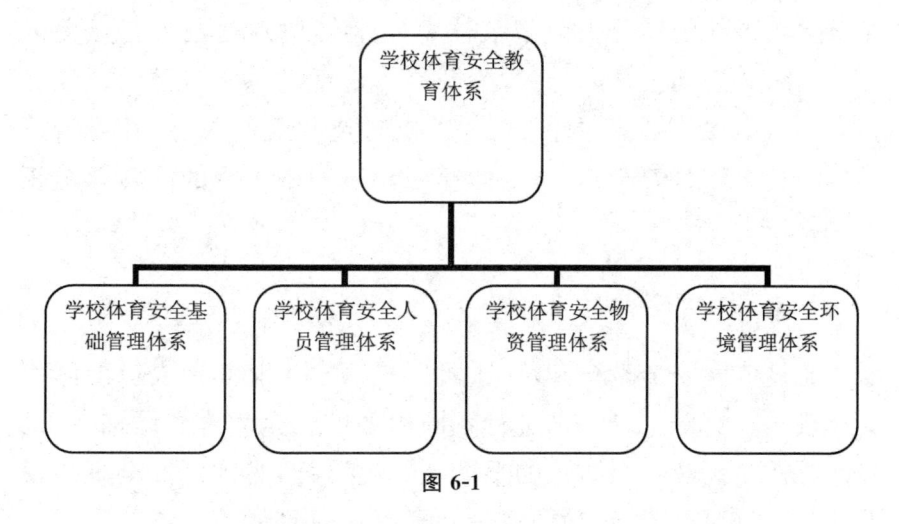

```
                    ┌─────────────┐
                    │学校体育安全教│
                    │   育体系    │
                    └──────┬──────┘
        ┌──────────┬───────┴───────┬──────────┐
   ┌────┴────┐┌────┴────┐    ┌────┴────┐┌────┴────┐
   │学校体育 ││学校体育 │    │学校体育 ││学校体育 │
   │安全基础 ││安全人员 │    │安全物资 ││安全环境 │
   │管理体系 ││管理体系 │    │管理体系 ││管理体系 │
   └─────────┘└─────────┘    └─────────┘└─────────┘
```

图 6-1

(一)学校体育安全基础管理教育体系

学校体育安全基础管理教育体系主要是对人、物资和环境的安全管理,这三个方面各有不同的内容,但是综合在一起后又构成了统一的整体,也就是安全基础管理体系的具体对象,每一个部分并不是单独存在,是一个统一的整体。

在学校体育安全管理体系中安全基础管理体系的内容发挥了重要作用,是学校体育安全教育体系中的子系统,监督了学校体育安全教育体系的整体安全情况。

(二)学校体育安全人员管理教育体系

对安全来说起到主导作用的是人,在学校体育安全体系中,仍然发挥了重要作用,学校体育安全人员管理体系是保障人员安全的基本措施,可以保障避免由于个人原因导致的体育安全事故。它包含了学校师生及其他人员的体育安全素质和加强学校师生的体育安全管理两部分。

1.客观条件安全保障

一些学校体育安全事故的发生是由于客观原因导致的,为了防止出现这样的问题,学校师生的体育安全管理应该集中在体育安全问题责任的划分上。学校体育安全管理制度在一定程度上可以约束学生和教师的行为,为开展体育活动承担自己的责任和义务。当出现体育安全事故后,要及时抢救受伤人员和财产,第一时间收集体育安全信息,对体育活动过程中出现的问题承担相应的责任。

2.主观意识安全保障

通过体育安全教育和培训,可以提高学生和其他人员的体育安全素质。针对个别人员进行不同内容的安全教育和培训,可以有针对性地提高安全防范的整体意识。这样,当体育安全事故发生后,才能使用合理正确的意见处理存在的问题。

学校也要对学生进行安全教育,树立安全锻炼意识,规范自己在体育活动中的动作,尽量避免出现体育安全事故。如果发生了体育安全问题,要冷静处理,及时解决,为今后的发展吸取经验教训。

(三)学校体育安全物资管理教育体系

学校体育安全体系建设的重要物质保障就是物资管理体系,当学校在开展体育活动时,体育安全物资管理体系是一切安全工作的基础,其中包含了设施保障和资金保障。

1.设施管理体系

(1)设计学校体育设施

设计学校体育设施,要严格按照国家颁布的《体育器材目录》以及学生身心的发展来实施。

(2)维护学校体育设施

学校要定期对体育设施进行维护、保养和更换,维护要坚持全面、及时的原则,保证体育设施处于良好的运行状态。

(3)制订学校体育设施安全措施

当学校体育设施出现故障的时候,需要及时起动应急策略,解决故障问题,保证以后不再出现体育安全问题。

2.资金管理体系

学校体育安全管理的物质基础就是资金。学校体育安全管理必须以相应的资金作为保证。资金管理包括学校对体育安全资金进行筹集、调拨、使用、结算、分配等,还包括主动投入资金和被动投入资金。

主动投入资金就是学校在预防安全问题过程中,为了消除安全隐患,采用的技术和管理措施所需要的资金。这些资金主要用来购买器材设施,维修保养体育器材,培训体育安全人员。

被动投入资金是指发生体育安全问题后,为处理体育安全问题所支出的全部资金,如日常维护成本、建设体育场馆、损失赔偿费、医疗费和安全事故处理费等。它是紧急处理安全问题和进行事后赔偿的资金保障。

(四)学校体育安全环境管理教育体系

学校体育安全环境就属于学校体育环境中的一个子系统环境,是学校教育环境中的重要组成部分。学校体育安全环境就是教师、学生以及其他工作人员在校园中进行体育活动时依靠的安全物质条件和社会条件的综合。

1.学校体育内部环境安全教育

学校体育的内部环境比较复杂,包含了多个要素,不仅包含物质环境,还有心理环境;不仅有不断发展变化的,也有处于静止状态的;不仅有室外的,也有室内的。[①]

(1)物质环境

学校体育的物质环境就是学校体育安全环境的外在标志,包含了功能齐全的运动器材、良好的场地设施等方面。

学生要参加体育活动的场所就是体育活动场馆。体育活动

---

① 杨文轩,米细谦,邓星华.学校体育学[M].北京:高等教育出版社,2016.

场馆需要整体考虑建筑方面等因素,包括体育场馆的设计、建设和内部整体布局,还要考虑体育设施的整体布局,考虑学生们的身心特点和安全。

此外,体育运动器材设备对完成体育活动发挥了重要作用。在开展体育运动时还需要考虑体育运动器材设备的摆放位置,落实《体育器材目录》中的规范要求。

(2)人文环境

体育人文环境是学校所具有的体育社会文化因素,这种社会文化环境是学校所具有的体育传统与风气。形成体育社会文化环境需要一定的时间。学校的体育传统氛围会直接影响学生参与体育活动的积极性,同时也对学生体育文化培养有重要作用。

影响学生体育安全的人文因素中重要的就是文化因素和教学因素。在体育教学过程中,教师要营造一种浓厚的体育教学氛围,帮助学生树立终身体育意识,增加战胜困难的勇气和信心,降低体育活动中的不稳定因素。

2.学校体育外部环境安全教育

外部环境就是影响学校体育安全的自然环境,比如洪水、地震、火灾等,虽然发生这些危险因素的可能性很小,但是危害却很大。学校领导要高度重视,这是将外部环境因素的影响降到最小的前提。与当地的公安、消防等部门互相配合,是解决学校体育外部环境安全问题的重要基础。

第二节 体育教学中的疲劳与恢复

一、疲劳的概念和原因

(一)疲劳的概念

疲劳就是身体在进行体育运动的过程中机能出现暂时降低

的情况,通过适当的休息后便可逐渐恢复。它是机体承受了较大量的负荷后出现的自我保护的机制。疲劳属于一种正常的生理现象。

(二)疲劳产生的原因

人体在运动的过程中肌肉收缩包含了三个主要部分,能量供应、肌肉力量以及兴奋收缩耦联,每个环节紧密相联,任何一个环节中断都会导致运动能力出现下降,出现疲劳的状态。

不同运动时间疲劳的特点不同,如果可以采取有针对性的措施,那么就可以缓解疲劳的出现,或者加速消除疲劳(表6-1)。

表6-1 不同运动时间疲劳的生化特点

时间	生化特点
0～5秒	神经肌肉接点处
5～10秒	ATP－CP减少、增加快肌中乳酸沉积
10～30秒	ATP－CP消耗最大、增加肌肉乳酸沉积
30秒～15分钟	ATP－CP消耗、血乳酸上升最高、提高肌肉酸性
15～60分钟	ATP－CP消耗、肌糖原消耗最大
1～6小时	体温上升,肝糖原下降,出现脱水、电解质混乱的情况
5～6小时	能量物质大量消耗,体温上升、代谢失调、脱水、电解质混乱、身体结构发生改变

二、疲劳的分类

(一)生理疲劳

1.肌肉疲劳

当肌肉出现疲劳后,其随意收缩的能力会下降,肌肉的收缩和松弛性逐渐延长,肌力下降,肌肉僵硬、肿胀、疼痛。

2.神经疲劳

神经疲劳主要表现在大脑皮层机能低下,兴奋、抑制过程失衡,中枢神经系统会失去控制呼吸和循环系统的能力。

3.内脏疲劳

内脏疲劳主要表现为心脏疲劳和呼吸系统疲劳。心脏疲劳率先受到影响的是心输出量,之后表现在收缩压下降、舒张压上升,脉压减少,心电图发生变化,心率出现异常;呼吸疲劳主要表现为气体交换能力出现不同程度的下降。

(二)心理疲劳

心理疲劳会对某一种运动产生较为模糊的认识,失去主动参与的兴趣,无法刺激情感兴奋点,转化成抑制状态的运动疲劳。如感觉、知觉迟钝,记忆退化等。

三、体育教学中疲劳的表现

(一)外部观察

在体育教学过程中,如果学生出现了运动疲劳,脸色会发白,四肢酸痛,主观意志力下降,不想继续运动,有的学生还会出现口干、恶心呕吐、虚脱等症状(表6-2)。

表6-2 通过外部观察疲劳

内容	轻度疲劳	中度疲劳	非常疲劳
自我感觉	情绪兴奋、没有任何不适应的情况发生	情绪下降、疲劳、腿没有力气或者疼痛	情绪低落、非常疲乏、心悸明显、出现头痛、恶心的症状

续表

内容	轻度疲劳	中度疲劳	非常疲劳
面色	微红	非常红	苍白或发灰,有时呈紫蓝色
排汗量	不是非常多	很多,特别是肩带部分	非常多,整个躯干以及运动衣上都会出现白色盐迹,也会出现发冷汗的情况
呼吸与气喘程度	中度加快,气喘不明显	明显加快,轻、中度气喘	明显加快,有时会气喘,甚至呼吸节律紊乱
动作	步态轻盈、动作协调	步态不稳、步法摇摆、动作不协调	步态明显不稳定,步法摇摆,掉队
运动成绩	没有下降	不稳定	持续下降或明显下降

(二)疲劳指标

1. 体重

学生进行长时间的运动会分泌较多的汗液,体重下降,其和运动时间以及运动量成正相关。

2. 形态

当学生长时间站立或者进行长时间运动后,会因下肢组织液增多而引起下肢围度的增加,其和运动时间以及运动量成正相关。

3. 脉搏

反映机体疲劳程度最常用的指标是脉搏。每天清晨起床后可以测量一分钟的脉搏数,如果测量的结果和前一天基本相同或者下降,说明机体的状况良好,可以适当增加训练量。如果结果升高或者升高超过 10 次以上,说明机体出现了疲劳,需要调整运动量和运动强度,脉搏频率增加的程度和疲劳程度成正相关。

4.肌力

学生早晚都需要测量握力、背肌力和腿力,肌力的测量值和疲劳的程度有直接关系。当肌肉出现了疲劳后,随意放松的能力就会下降,肌肉放松的张力也会上升,肌张力的振幅降低。

5.血红蛋白

血红蛋白是血液中携带和运输氧气的重要载体,可直接影响机体物质和能量代谢。血红蛋白含量的高低是判断机体是否疲劳的重要指标。

6.反应

进行闪光融合频率测定,在疲劳的情况下,会出现闪光融合频率降低,视觉功能下降等现象。

7.尿蛋白

如果学生进行训练后尿蛋白比早上的时候高,血红蛋白下降就说明疲劳存在,不能适应训练,应该调整训练计划,如果训练后尿蛋白低于清晨则说明运动员没有疲劳或疲劳较轻。

四、体育教学中疲劳的恢复

(一)疲劳恢复的作用

学生在运动结束后,人体各个机能还处于比较高的运动水平,需要一定的时间跨度才能回到原来的水平,这就是恢复。

恢复过程和体能训练同样重要,只有恢复后再运动,才能达到机体训练的效果,如果训练或比赛后没有恢复好,那么就会累积疲劳,出现功能紊乱或病理状态,称为过度疲劳。

(二)疲劳恢复的过程

学生在运动过程中疲劳恢复的过程包含了训练过程中的恢

复阶段,运动后的恢复阶段,超量恢复阶段。运动过程中肌肉活动的剧烈程度和运动量的多少有关,每个阶段之间都相互联系,互相影响。

(三)疲劳恢复的方法

1.合理安排体育教学

合理安排体育教学的计划和内容可以提高运动能力,增强身体的恢复能力,提高运动性疲劳值,预防出现过度练习的情况,同时还能预防运动性疲劳的出现,促进疲劳尽快恢复。

2.高质量睡眠

疲劳恢复中最好的方法之一就是睡眠。学生进行体能训练和运动后疲劳恢复的双重保障就是高质量的睡眠。睡眠过程中大脑皮层的兴奋过程降低,体内分解的代谢处于最低水平,但是合成代谢水平比较高,有利于蓄积体内能量。

在训练中如果要更快地提高运动能力,就需要保证充足的睡眠。学生在平时训练的过程中,需要保证8～9个小时的睡眠时间,如果体能训练的负荷量大,就需要延长睡眠时间。

3.按摩

按摩可以最大限度地消除运动后的疲劳,按摩学生的上肢和下肢,有助于促进运动肌群的血液循环,主要的放松手法有拿法、抖动法等。

保健按摩目的是为了解除精神过度紧张和运动疲劳,增进食欲,提高睡眠质量,有效恢复体能,使身体的内部环境达到新的平衡。运动后按摩所采用的手法、用力的大小、时间的长短等,都要根据运动者的体质、性别、运动项目的特点来决定,通常采用的手法,有抚摩、推压、抖动等。

4.放松活动

运动后可以进行一些放松活动,运动量逐渐由大变小,整体运动的时间缩短,强度缩小,目的主要是为了消除疲劳,促进体力恢复,可以选择慢跑、呼吸体操及各肌群的伸展练习。在一些项目的体育教学中比较重视肌肉的柔韧性和灵活性,伸展练习可以消除肌肉痉挛,改善肌肉血液循环,可以防治运动损伤的出现。放松地走、跑对消除血乳酸等运动性疲劳症状比完全静止的效果好。

5.心理放松

学生疲劳放松也可以运用心理疗法,包含暗示、放松、呼吸调整和心理调节,利用学生的兴趣爱好,丰富课余生活,缓解精神紧张,如散步、下棋、听歌等。

6.营养补充

运动能力恢复的关键就是营养。补充营养物质,可以改善运动员的产能反应,保持身体内环境稳定,帮助消除疲劳,使体力得到恢复。

运动训练过程中可以通过补充磷酸原、维生素和矿物质,以及肌酸、L-肉碱、谷氨酰胺等特殊营养品以延缓运动性疲劳和加速运动后疲劳恢复,提高运动能力。

第三节　体育教学中的营养补充

一、学生营养补充

(一)补充蛋白质

有六种营养素是人体所必须的,其中之一就是蛋白质。蛋白质是细胞、血液以及骨的组成成分,能够保证生命持续不断地进行运动,充足的蛋白质可以调节人体的生理功能,修补机体组织,提高中枢神经系统的兴奋性,增强机体的抵抗力。

当蛋白质达到合理的组合成分后,通过适当训练可以改变身体内的营养成分搭配比。蛋白质缺乏会损害到 T 淋巴系统,使免疫力下降,容易感染传染病;蛋白质补充过多后会对身体造成伤害,直接影响机体的正常代谢,增加肝脏负担可以引发免疫系统的损害。

身体处于运动状态后,首先利用糖氧化分解供能,完全消耗了肌糖原后,身体就需要补充充足的蛋白质,如果供应不足,血红蛋白就会下降,出现贫血的情况,身体机能下降。

蛋白质的主要作用可以增强神经系统的兴奋性,加强身体的抵抗能力,降低运动后身体的疲劳程度,在日常饮食结构中,需要蛋白质的含量达到 10%～35%,参加体育课程活动练习,应增加优质蛋白,补充总能耗的 10%左右。

在植物性蛋白中,效果最好的是豆制品,可以多食用大豆,为身体补充蛋白质,提高运动能力。动物性蛋白质的营养价值更高,包含了人体必须的多种氨基酸,在进行体育活动的前后应该多补充蛋类和奶类。

(二)补充脂肪

脂肪属于储能的重要物质,人体要进行长时间低强度的身体运动,能量支撑就要靠脂肪。通过有氧运动可以促进脂肪分解,与运动造成机体热能负平衡,体能消耗后会促进中枢神经系统刺激消耗脂肪,加速脂肪酸的分解过程,肌肉会增加游离脂肪酸的利用率。

脂肪主要来自动物性食物和植物性食物,动物性食物包括蛋黄和肉类,植物性食物包含植物油和坚果。

在膳食结构中,可以按照百分比进行计算,脂肪的摄取量应占到总能量供应的 20%～35%。有的学生为了减肥,不吃脂肪类食物,在运动 60 分钟左右时就会出现机体无力、头晕等症状。在运动后,可选择食用不饱和脂肪酸含量高的植物油如芝麻油、花生油、菜籽油等。

(三)补充糖类

糖是营养素中最重要的一种,也是学生开展体育运动的基础营养物质。人体体内的糖分储备包含了肌糖原、肝糖原和血糖,补充糖分可以延缓中枢性疲劳,提高免疫机能,调节脂肪酸代谢。

补液时糖的浓度应在6%左右,补充葡萄糖有利于肌糖原的恢复,学生所摄取的食物应该以高糖膳食为主,含糖量应在45%~65%之间。与蛋白质、脂肪相比,糖的产热效率比脂肪高。

膳食中糖的种类主要是淀粉类多糖食物,包括全谷类及谷制品、干鲜水果等。

(四)补充水分

学生在进行体育活动的时候会增大排汗量,在运动前、中、后都可以通过补充水分来维持体内内环境的稳定,维持体液平衡,调节人体正常体温,正常代谢电解质。

通常情况下,学生在运动前需要饮水大约500毫升。运动过程中坚持少量多次补水的原则,在一次体育活动需要补水2~3次,要避免一次性补充过多的水,以免对身体造成危害。

(五)补充维生素

维生素的主要作用可以调节体内的代谢物质。人体正常机能中不能缺少一定营养素,它对能量代谢、提高肌肉力量、促进蛋白质合成及抗氧化还原反应有重要作用。

水溶性维生素有维生素B族和维生素C,包括维生素B_1、维生素B_2、维生素B_6、维生素B_{12}、叶酸、泛酸、胆碱等。水溶性维生素,并不会在体内储存很多,需要从饮食中获得。在平时的体育运动中,对维生素B_1、维生素C和维生素E的需求量都很大,维生素B_1主要是在糖代谢中发挥重要作用,促进糖原生成,保护神经系统功能。

维生素B_1的主要来源是粗粮,在瘦猪肉中也含有一部分,还

第六章　学校体育课程教学安全管理体系的建设研究

可以在芝麻、核桃中摄取得到。脂溶性维生素包括维生素 A、维生素 D、维生素等,维生素会停留在肝脏器官中,排泄速度缓慢,如果摄取过多会导致中毒。

维生素 E 可以增强机体力量与耐受力,减少组织细胞耗氧量,扩张血管,增强肌肉力量与有氧耐力。维生素 E 大部分来自动物性食物、玉米油以及绿叶蔬菜等,主要存在于新鲜蔬菜与水果,如芥菜、橄榄菜中。

不同的维生素具有不同的功能和来源(表 6-3)。

表 6-3　维生素的功能和来源

维生素	功能	来源
维生素 B_1	作为一种辅酶的组成,辅助能量的供应	坚果类食物,瘦猪肉
维生素 B_2	作为一种辅酶的组成,辅助能量代谢	牛奶、酸奶、肉类、内脏、蛋类、谷类、蔬菜、水果
维生素 PP	促进细胞内的能量产生	瘦肉、鱼类、禽类、谷物
维生素 B_6	氨基酸代谢,辅助细胞的生成	瘦肉、全谷、蔬菜、豆类、肝脏
泛酸	辅助糖、脂肪、蛋白质的代谢	杂粮、面包、黑色或绿色蔬菜
叶酸	作为核糖和蛋白质合成的辅酶	绿色蔬菜、豆类、全麦食物
维生素 B_{12}	与核酸的合成,红细胞的形成有关	只存在于动物性食物中,而不存在于植物性食物中
生物素	脂肪酸和糖原合成的辅酶	蛋黄、黑色和绿色蔬菜
维生素 C	骨、牙齿、毛细血管的营养	青辣椒、柑橘等水果、西红柿
维生素 A	形成和保持皮肤及黏膜;抗氧化剂,延缓衰老	人造奶油、胡萝卜、黄油、蛋黄、有色蔬菜
维生素 D	辅助骨和牙齿的生长和形成;促进钙的吸收	蛋黄、肝脏、海鱼、精炼牛乳、鱼于油
维生素 E	保持不饱和脂肪酸;保护细胞膜使其免受损伤	植物油、谷类、面包、绿叶蔬菜、蛋黄、豆类
维生素 K	对凝血起重要作用	豌豆、绿叶蔬菜、马铃薯

(六)补充无机盐

无机盐是指体内存在的各种元素,其总量大约占到人体体重的5%,是构成机体组织成分、调节生理机能的主要物质。和运动能力密切联系的无机盐有铁、钾、钙、镁、硒等。

当人体大量流汗,体内的无机盐会随着汗液排出体外,失盐过多会将降低中枢神经机能,出现四肢无力的现象。无机盐在体内代谢有非常重要的生理功能,维持体液的酸碱平衡和渗透平衡,维持酶的活性,构成体内的有特殊成分的化合物(表6-4)。

表6-4 无机盐的作用和来源

主要无机盐	主要功能	缺乏病或症状	食物来源
钙	形成牙、骨骼、参与凝血、神经传导、肌肉收缩	生长发育不良、软骨病、痉挛	奶、深绿色蔬菜、豆类、鱼
铁	参与红细胞氧运输,肌细胞内氧利用	缺铁性贫血	蛋、瘦肉、豆、谷类、暗绿色蔬菜
镁	骨生长、参与神经肌肉、酶等功能	生长障碍、虚弱、痉挛	全谷物、绿色蔬菜
钠	参与神经传导、肌肉功能、体内酸碱平衡	肌肉痉挛	食盐
钾	与钠同	肌肉麻痹	肉、牛奶、水果
氯	与钾、钠同	与钠同	食盐
碘	甲状腺成分	大脖子病	蔬菜、海鲜、贝类、奶

学生可以通过丰富的食物数量和食物种类补充在体育运动过程中的消耗,保持适宜的体重和体脂,在质量上保证全面的营养需要和适宜配比。不同运动项目的学习在速度、力量、耐力、爆发力、灵敏性、协调性、反应性等方面侧重不同,营养的搭配比例也应该不同。

二、健康饮食补充营养

学生在进行体育运动前,需要科学安排一日三餐,早餐可以选择牛奶、豆浆、米粥等,不要进食油炸类食品。中餐荤素搭配,选择一到两种肉类就可以了,晚餐定时定量吃,一般在 7 点左右结束进食,适量饮水。科学健康的饮食安排,可以保证学生在进行体育活动时保持良好的体力、精力,抵抗疾病;避免营养不良、体质下降。

(一)饮食习惯

一般人们的饮食制度是一日三餐,但由于生活节奏加快,人们会因为各种原因选择不吃早餐,有的学生课业负担比较重,早上起不来,就利用早餐时间睡觉或者吃得比较简单。营养不足,在上课的时候就会出现血糖浓度降低的情况,很快会出现疲劳,导致工作、学习效率下降,身体也会受到损害。

有的学生来不及吃早餐,就利用下课时间补充营养,这不仅会扰乱生物钟的节奏,午餐也会没有食欲,到了下午则会出现饥饿或腹胀的情况,胃肠功能混乱。有的学生在入睡前还会进餐,这是非常不好的习惯。这种不健康的饮食习惯很容易引发胃病,其中胃溃疡比较普遍。因此,应该重视正常的饮食制度,科学安排三餐。

一个健康的身体会形成稳定的内环境,物质代谢保持着平衡,而缺乏足够的营养则会破坏这一环境,降低感染抵抗能力。如果不及时纠正营养缺乏,就会出现一些合并症,使原发性疾病更加严重而难于治疗。

(二)合理安排三餐

1.早餐

在一日三餐中,最重要的就是早餐,从前一天的晚餐一直到第二天上午，人体有十几个小时都没有进食，供给人体能量的血糖浓度降低，需要在早餐中获得营养，才能保证血糖水平的稳定。早餐吃得过于简单或者直接不吃，伴随大脑和人体各器官组织活动所需能量的消耗，血糖就会下降，出现饥饿感、四肢无力、脸色苍白等低血糖症。

如果血糖含量过低，则会严重影响脑组织的机能活动，乃至惊厥、昏迷。通常上午的工作学习比较紧张，早餐应当保证营养充足，主食以奶类、面包、鸡蛋为主，辅以花生、黄豆、核桃仁等含蛋白质较高的健脑食品，还可以选择糖类，如馒头、面条等。吃一些含有脂肪和蛋白质的食物，才能保证全面的工作、学习需要，搭配适量的蔬菜和水果，食物量应占全天食物量的30%。

2. 午餐

午餐起到承上启下的作用，不仅需要补充上午活动消耗的能力供应，还要为下午的活动储备充足的能源，使血糖维持在较高的水平，保证下午工作和身体锻炼的能量需要。午餐最好以米饭、面及其他杂粮为主，副食有猪、牛、鸡、鱼等动物肉并有足够的绿叶蔬菜，食物量应为全天食物量的40%~45%。

3. 晚餐

晚上学生们的活动量都比较小，对食物消化吸收的速度也比较慢，因此，晚餐不需要吃得过多过于油腻。如果晚餐吃得太好太饱，消化吸收后，脂肪容易积存贮藏，也会导致人发胖，引发动脉硬化、冠心病等症状，非常不利于身体健康。晚餐的进食量应该大约控制在全天饮食量的25%~30%。如果夜间有活动，可以在活动结束后少量加餐主要以容易消化的点心和饮料为主，切忌猛吃油腻食物，加餐半小时后再睡觉。

(三) 运动后的饮食

学生们在参与完体育运动后会消耗大量能量，及时补充糖类,可以缓解疲劳,有助于恢复体能。

学生运动结束后应该在 2 小时之内补充含糖饮料,吃正餐可以通过固体淀粉如馒头、米饭来补糖。训练后服用运动饮料,不仅有助于补充糖类、促进糖原的恢复,还可以补充赛后丢失的水分、无机盐、维生素。

第四节　体育教学中的损伤康复

一、体育教学中运动损伤的出现

运动损伤就是学生在体育运动过程中出现的由于运动而造成的身体损伤。在体育教学中学生出现身体损伤和体育活动的安排不当、运动环境不适、技术动作错误以及自身所存在的某些生理解剖弱点等方面有很大的关系。

学生一旦出现了身体损伤,就会背离身体健康的主旨,对学习造成影响,也有可能在生理上蒙上阴影,影响体育教学活动的正常开展。

二、体育教学中运动损伤的分类

(一)以损伤轻重为依据

1. 轻伤

不丧失继续学习能力的伤。

2. 中等伤

丧失工作能力 24 小时以上,需要在门诊治疗的伤。

3. 重伤

需要长期住院治疗的伤。

(二)以伤后皮肤黏膜是否完整为依据

1. 闭合性损伤

受伤部位的皮肤或黏膜没有破裂，开放性伤口比较小，闭合性损伤按照损伤发生的方式和部位分为以下几种：

(1)拉伤

关节附近的韧带由于关节过度受到外力作用，超过身体所能承受的正常范围，引发损伤，韧带纤维各部分断裂伴有出血，会出现青紫肿胀和关节功能障碍。

(2)震荡伤

头部受钝力打击后出现暂时知觉丧失，没有明显的脑病变化。

(3)挫伤

钝力或重物打击所导致的皮下软组织损伤，主要表现在局部肿胀、皮下淤血、皮肤青紫，肌纤维断裂及深部血肿。

2. 开放性损伤

受伤部位的皮肤或黏膜破裂，有血液或组织液从伤口流出，深部组织与外部环境接触，容易感染。

(1)裂伤

钝力打击所致的皮肤及皮下组织裂开，伤口边缘不规则。

(2)擦伤

皮肤受到粗糙面擦过所致的浅层破损，伤面有擦痕及小出血点。

(3)割伤

皮肤被锐利武器切开所致，伤口边缘比较规则，深浅度不同，有的深达血管、神经,肌腱被割断,出血较多。

(三)以受伤的组织结构为依据

(1)肌肉韧带损伤,如挫伤、拉伤、扭伤、断裂等。
(2)骨关节损伤,如骨裂、关节脱位及骨骺损伤等。
(3)皮肤损伤,如皮肤的撕裂伤、擦伤、切伤及刺伤等。
(4)神经损伤,如血管损伤、内脏器官损伤等。

三、体育教学中运动损伤康复治疗

(一)肌肉损伤

1. 原因

主要是由于钝性暴力直接作用在身体某个部位上,引发局部肌肉的急性闭合性损伤,受伤部位会出现不同程度的红、肿、热、痛及功能障碍。

2. 症状

肌肉损伤通常先轻后重,最开始是大范围的钝痛,但是活动不会受到影响,过一段时间后,身体就会剧烈疼痛,伴有功能性障碍,丧失暂时的功能。

按压伤处就会出现比较明显的痛感,皮下也会有肿块,较长时间乃至次日后会出现肿胀的情况,形成皮下组织局限性血肿,逐渐可见大面积青紫色瘀斑。

3. 康复方法

学生在运动过程中出现了肌肉损伤,要立刻停止运动,局部冷敷,加压包扎,把受伤的部位抬高,将清热、消炎、止痛的中草药外敷在肌肉挫伤的部位,48小时内不可以按摩、热敷、理疗和伤肢的屈伸活动。等到伤情较为平稳后,就可以拆除包扎进行局部按摩、理疗等康复治疗。学生还可以根据自身受伤的情况,选择适合自身的运动方式,逐渐恢复局部功能,恢复肌肉力量。

(二)关节脱位

1. 原因

肩关节的前脱位比较常见,大约占到肩关节脱位的 95%,间接外力会导致肩关节脱位。受伤时会向一侧摔倒,肱骨干呈高度外展外旋位,撑地的掌传达至肱骨头的外力可以冲破关节囊的前壁,形成喙突下脱位。

2. 症状

学生受伤后会出现肿胀和疼痛感,肩关节会出现功能性障碍,原关节处比较空虚,肩部会失去正常钝平滑曲线轮廓,形成方肩畸形。表现在外部就是增加脱位肢体长度,肩关节呈弹性固定在外展 30°位。受伤的肢体会轻度外张,用健康的手臂扶持患侧前臂,头向患侧倾斜,缓解疼痛。

3. 康复方法

让受伤的学生保持仰卧位,医者站在伤者患肢的一侧,双手紧握腕部,一足跟置于患者腋窝部,在牵引的过程中,利用杠杆原理向外推动肱骨头,足跟向上蹬住腋部,同时旋转和内收上臂,肱骨头复位。

关节复位后,要将患者的上臂放在内收、内旋的位置上,固定患肢于胸前 2~3 周后去除固定,防止肩关节出现粘连,能够灵活转动。

(三)脑震荡

1. 原因

当头部受到外力打击或撞击后就容易出现脑震荡,大脑管理平衡的膜半规管、球囊等感受器功能失调,出现暂时性的意识丧失和功能障碍或者撞击硬物等情况,都可能造成脑震荡。

2. 症状

学生受伤后,患者会出现神志昏迷、肌肉松弛、神经反射减弱或消失等症状,伤者清醒后,会伴有恶心、呕吐等症状,情绪烦躁、记忆力减退。

3. 康复方法

让受伤的患者平卧,在头部位置进行冷敷,如果依旧昏迷,要按压患者的人中,如果呼吸出现了障碍,就要进行人工呼吸,如果出现耳鼻口或者瞳孔放大,说明病情比较严重,要及时送到医院进行治疗,运送途中避免颠簸,固定头部位置。

脑震荡一般都可以自愈,并不需要住院,进行长时间休息并配合药物治疗,可以减少用脑时间和次数,保持情绪稳定。脑震荡的恢复过程中,可以定期或者不定期进行脑部测试,检查的方法主要是闭目,两臂平举,保持平衡状态。

第五节 体育教学中学生体质健康监控与管理

一、体质及学生体质健康监控的概念

(一)体质的概念与内容

体质是在遗传变异的基础上,人体所表现出来的形态和机能方面相对稳定的特征。具体包括以下内容:
(1)身体形态发育水平:体型、身体姿态、营养状况等。
(2)生理生化功能水平:机体新陈代谢功能及人体各系统、器

官的工作效能。

（3）身体素质：身体在生活、劳动和运动中所表现出来的力量、速度、耐力、灵敏、柔韧等身体素质。

（4）心理状态：包括本体感知觉能力、个性、人际关系、意志力、判断力等。

（5）适应能力：对外界环境以及抗寒耐暑的能力，对疾病的抵抗能力。

（二）对学生体质健康的监控

对学生体质健康的监控可以分为三个方面：制订标准、检测信息和对行为的调控，对行为调控的基础是制订目标和检测信息。《国家学生体质健康标准》是对学生进行体质监控的重要依据和参照，可以从两个层面对体质监控进行阐述。

第一，政府教育主管部门或专门的体质健康管理机构主要是通过《国家学生体质健康标准》对各大高校进行外部监督和调控，监控过程包括制订、实施、监督、评价以及信息反馈和政策干预。

第二，高校自身的内部监控，指高校为了完成教学目标和任务，在分管校长的领导下，通过体育教师、健康指导人员的密切配合，对大学生体质健康管理过程中的诸因素和各个环节不断地进行组织、调节和管理的过程。

二、学生体质健康监控的运行与管理机制

（一）学生体质健康监控的运行

学生体质健康监控主要来自上级教育主管部门及地方学生体质健康监测中心，随着社会发展对人才质量需求的不断提高，社会、家庭及其他利益相关者也参与到监控过程中。

1. 学生体质健康主管部门

在教育部、国家体育总局领导下，实施学生体质健康校外监

控,各级地方教育行政部门负责管理实施,体育行政部门参与指导工作。教育部、国家体育总局负责制订和颁布各类体质政策、法规,制订相关行业标准,在体育行政部门的配合下,通过评价反馈的信息,配合地方政府政策,组织规划实施监控工作,采取行政干预手段,确保监控工作的顺利进行。

2. 地方学生体质健康监测中心

根据《国家学生体质健康标准》的要求,制订学生体质健康监控的监测管理制度,建立对高校相关管理人员的培训制度,有计划地开展各项培训工作。

在地方教育行政部门的领导下,地方学生体质健康监测中心向各个学校提供完善的体质健康咨询服务,监控各个学校的运作情况,提高学生体质健康的发展水平,提高社会公众对学生体质健康水平的认可和满意度。

建立各个地区的区域监控点,定期对学校进行抽样监测活动,及时公布监测结果,构建体质健康网络信息平台,分析监测数据。及时、有效地分析和评价各地学生体质健康水平,提出干预意见,为政府部门实施监控管理和制订政策提供依据。

第一,监控《国家学生体质健康标准》的实施过程,安排到正常的工作计划中,配备齐全的器材设备和网络设施,保证测试数量与质量、上报数据的正确性。

第二,监控《国家学生体质健康标准》的实施效果。检查执行力度、考察数据的运用能力,研究总结学校测试上报与教学改革、健康促进的数据,指导学生采用合理方法有针对性地开展体育锻炼,进行体适能比赛,有效提高学生的体质健康水平。

3. 家庭、社会及其他利益相关者

学生的体质健康直接影响了国家和社会的发展进步,学校培养出来的人才要能够经受得住社会的考验和压力,实施学生体质健康监控涉及学校、政府、社会和家庭。学生体质健康需要全社会力量的参与,借助权威的社会机构,对学生体质情况进行抽查并适时予以公布,或者可以借鉴国外经验,指定专门的机构对学生进行体质测试,作为毕业和就业的重要条件等,更好地把控学生体质健康监控的质量。

(二)建立学生体质健康监控管理机制

1.优化监控组织体系

政府政策的制订与执行有利于学生体质健康的监控,根据自身情况,明确政府在组织管理中的主导和调控地位,从思想上重视学校对学生体质健康的工作,重视政府政策的制订和执行,建立统一的平台充分整合政府资源和各个学校的资源,引导民间团体和家庭积极参与其中。

2.搭建网络化监控信息平台

学生体质健康监控的运作需要科学的网络化管理,各个学校可以建立学生体质健康数据平台,这个平台主要包含了数据上报、网络工作平台等,监测中心可以考虑从功能上研究和推广在学生范围内使用的健康监控系统。

学校可以搭建网络化监控信息平台,实时动态更新数据,汇集了《国家学生体质健康标准》的全部结果和评价指标,具有按各种要求进行数据上报、统计分析、检索查询的功能

3.制订操作性强的监控制度

为了完善学生体质健康机制,要制订操作性强的监控制度,保证监控制度的科学严谨,在制度上确立体质健康的监督和干预,更加有效地发挥监督干预的功能和作用。

按照《国家学生体质健康标准》的实施办法,制订学生体质健康监控的相关制度法规,加快学生体质健康监控机制的法律化进程,将学生体质健康监测中心和学校的体质健康监控工作纳入法

制范畴,借助法规制度的强制力量,形成对学生体质健康的监督法制化、制度化的局面。

4.体质监控管理政策落到实处

政府制订法规政策可以起到间接调控的作用,在学生体质健康监控中,管理主体无论实施直接调控还是间接调控,都在利用行政、法律等手段,依托政府权力实施科学调控。

大部分学校的体质健康工作主要是以完成体质测试和数据上报为主,不能科学指导和有效解决学生体质发展过程中存在的问题,很多工作只是为了应付和执行上级安排下来的任务,缺乏全社会的共同参与有效的管理体系与监控机制。

在学生体质健康监控中,政府相关管理部门可以根据学校上报上来的体质健康监测中心提供的数据和信息,全面掌握学生的体质健康发展状况。评价学生全面发展的重要指标是体质健康素质,为每一名学生都制订体质健康测试报告书,归入档案,作为毕业的重要依据。

提高学校领导、体质健康管理者的意识,增加对学生体质健康工作的管理力度,通过政策干预,深化体质健康监控的内容,拓宽媒体传播的渠道,提高监督能力,建立健全大学生体质健康监控的长效机制。

三、学生体质健康的科学测评

(一)学生身体形态、身体机能及身体素质的测评

《国家学生体质健康标准(2014年修订)》规定各年级学生体质的测试项目及权重见表6-5。

表 6-5　学生体质的测试项目

测试对象	单项指标	权重(%)
小学一年级至大学四年级	体重指数(BMI)	15
	肺活量	15
小学一、二年级	50 米跑	20
	坐位体前屈	30
	1 分钟跳绳	20
小学三、四年级	50 米跑	20
	坐位体前屈	20
	1 分钟跳绳	20
	1 分钟仰卧起坐	10
小学五、六年级	50 米跑	20
	坐位体前屈	10
	1 分钟跳绳	10
	1 分钟仰卧起坐	20
	50 米×8 往返跑	10
初中、高中、大学各年级	50 米跑	20
	坐位体前屈	10
	立定跳远	10
	引体向上(男)/1 分钟仰卧起坐(女)坐(女)	10
	1 000 米跑(男)/800 米跑(女)	20

注：体重指数(BMI)＝体重(千克)/身高^2(米^2)。

上述体质健康指标的具体操作方法如下。

1. 身高

(1)测试目的：身高测试与体重测试相配合，评定学生的身体匀称度，评价学生生长发育及营养状况的水平。

(2)场地器材：身高测量计。

(3)测试方法：受试前，身高测量计应校对 0 点，以钢尺测量基准板平面至立柱前面红色画线的高度是否为10厘米,误差不得大于0.1厘米。同时应检查立柱是否垂直,连接处是否紧密,有无晃动,零件有无松脱等情况,并及时加以纠正。

受试时,受试者赤足,立正姿势站在身高计的底板上(上肢自然下垂,足跟并拢,足尖分开约呈60°)。足跟、骶骨部及两肩胛区与立柱相接触,躯干自然挺直,头部正直,耳屏上缘与眼眶下缘呈水平位。测试人员站在受试者右侧,将水平压板轻轻沿立柱下滑,轻压于受试者头顶。测试人员读数时双眼应与压板水平面等高进行读数。记录员复述后进行记录。以厘米为单位,精确到小数点后一位。测试误差不得超过0.5厘米。

2.体重

(1)测试目的:测试学生的体重,与身高测试相配合,评定学生的身体匀称度,评价学生生长发育的水平及营养状况。

(2)场地器材:杠杆秤或电子体重计。

(3)测试方法:测试前,杠杆秤或电子体重计需检验其准确度和灵敏度。准确度要求误差不超过0.1%,即每百千克误差小于0.1千克。

测试时,杠杆秤应放在平坦地面上,调整0点至刻度尺水平位。受试者赤足,男性受试者身着短裤;女性受试者身着短裤、短袖衫,站在秤台中央。测试人员放置适当砝码并移动游标至刻度尺平衡。读数以千克为单位,精确到小数点后一位。记录员复诵后将读数记录,测试误差不超过0.1千克。

3.肺活量

(1)测试目的:测试学生的肺通气功能。

(2)场地器材:电子肺活量计,干燥的一次性口嘴。

(3)测试方法:肺活量计主机放置平稳桌面上,按工作键液晶屏显示"0"即表示机器进入工作状态,预热5分钟后测试为佳。令被测试者手持吹气口嘴,面对肺活量计站立试吹1~2次,首先看仪表有无反应,还要试口嘴或鼻处是否漏气。

测试时,受试者进行一两次较平日深一些的呼吸动作后,更深的吸一口气,向口嘴处慢慢呼出至不能再呼出为止,防止此时从口嘴处吸气。测试中不得中途二次吸气。吹气完毕后,液晶屏上最终显示的数字即为肺活量毫升值。每位受试者测三次,每次间隔15秒,记录三次数值,选取最大值作为测试结果。以毫升为单位,不保留小数。

4.50米跑

(1)测试目的:测试学生速度、灵敏素质及神经系统灵活性的发展水平。

(2)场地器材:50米直线跑道若干条,地面平坦,地质不限,跑道线要清楚。发令旗一面,口哨一个。一道一秒表。

(3)测试方法:秒表使用前,应用标准秒表校正,每分钟误差不得超过0.2秒。标准秒表的选定,以北京时间为准,每小时误差不超过0.3秒。

受试者至少两人一组测试。站立起跑,受试者听到"跑"的口令后开始起跑。发令员在发出口令同时要摆动发令旗。计时员视旗动开表计时。受试者躯干部到达终点线的垂直面停表。以秒为单位记录测试成绩,精确到小数点后一位。小数点后第二位数按非"0"时则进1,如10.11秒读成10.2秒,并记录之。

5.800米或1 000米跑

(1)测试目的:测试学生耐力素质的发展水平。

(2)场地器材:400米、300米、200米田径场跑道,地质不限。也可使用其他不规则场地,但必须地面平坦。秒表若干块。

(3)测试方法:受测者至少两人一组进行测试,站立式起跑。当听到"跑"的口令后开始起跑。计时员看到旗动开表计时,当受试者的躯干部到达终点线垂直面时停表。以分、秒为单位记录测试成绩,不计小数。

6.立定跳远

(1)测试目的:测试学生下肢肌肉爆发力及身体协调能力的发展水平。

(2)场地器材:沙坑、丈量尺。沙面应与地面平齐。如无沙坑,可在土质松软的平地上进行。起跳线至沙坑近端不得少于30厘米。起跳地面要平坦,不得有坑凹。

(3)测试方法:受试者两脚自然分开站立,站在起跳线后,脚尖不得踩线。两脚原地同时起跳,不得有垫步或连跳动作。丈量起跳线后缘至最近着地点后缘的垂直距离。每人试跳三次,记录其中成绩最好一次。

7.引体向上

(1)测试目的:测试学生的上肢肌肉力量和耐力的发展水平。

(2)场地器材:高单杠或高横杠,杠粗以手能握住为准。

(3)测试方法:受试者跳起双手正握杠,两手与肩同宽成直臂垂悬。静止后,两臂同时用力引体,上拉到下颏超过横杠上缘为完成一次。

8.坐位体前屈

(1)测试目的:测量学生在静止状态下的躯干、腰、髋等关节可能达到的活动幅度,主要反映这些部位关节、韧带、肌肉的伸展性和弹性及学生身体柔韧素质的发展水平。

(2)场地器材:坐位体前屈测试计。

(3)测试方法:受测者两腿伸直,两脚平蹬测试纵板坐在平地上,两脚分开约10～15厘米,上体前屈,两臂伸直向前,用两手中指尖逐渐向前推动游标,直到不能前推为止。测试两次,取最好成绩。

9.仰卧起坐

(1)测试目的:测试腹肌耐力。

(2)场地器材:铺放平坦的垫子若干块。

(3)测试方法:受试者仰卧于垫上,两腿稍分开,屈膝呈 90°角左右,两手指交叉贴于脑后。另一同伴压住其踝关节,以便固定下肢。受试者起坐时两肘触及或超过双膝为完成一次。仰卧时两肩胛必须触垫。测试人员发出"开始"口令的同时开表计时,记录 1 分钟内完成次数。1 分钟到时,受试者虽已坐起但肘关节未达到双膝者不计该次数。

10.跳绳

(1)测试目的:测试学生的下肢力量和身体协调能力。

(2)场地器材:主要测试器材包括秒表、发令哨、各种长度的跳绳若干条;平整地面、干净的场地一块,地质不限。

(3)测试方法:两人一组,一人测试,一人记数。受试者听到开始信号后开始跳绳,动作规格为正摇双脚跳绳,每跳跃一次且摇绳一回环,计为一次。听到结束信号后停止,测试员报数并记录受试者在 1 分钟内的跳绳次数。

不同年级学生的体质测试评分标准不同,限于篇幅,下面仅对大学生体质测试的评分标准进行说明。主要分单项指标评分和加分指标评分两方面。

大学生单项指标主要有体重指数、肺活量、50 米跑、坐位体前屈、立定跳远、引体向上(男)/1 分钟仰卧起坐(女)、1 000 米跑(男)/800 米跑(女),这几项指标的评分标准具体参考表 6-6 至表 6-12。

表 6-6　大学生体重指数(BMI)单项评分表(单位:千克/米^2)

等级	单项得分	男生	女生
正常	100	17.9～23.9	17.2～23.9
低体重	80	≤17.8	≤17.1
超重		24.0～27.9	24.0～27.9
肥胖	60	≥28.0	≥28.0

表 6-7 大学生肺活量单项评分表(单位:毫升)

等级	单项得分	男生 大一大二	男生 大三大四	女生 大一大二	女生 大三大四
优秀	100	5 040	5 140	3 400	3 450
优秀	95	4 920	5 020	3 350	3 400
优秀	90	4 800	4 900	3 300	3 350
良好	85	4 550	4 650	3 150	3 200
良好	80	4 300	4 400	3 000	3 050
及格	78	4 180	4 280	2 900	2 950
及格	76	4 060	4 160	2 800	2 850
及格	74	3 940	4 040	2 700	2 750
及格	72	3 820	3 920	2 600	2 650
及格	70	3 700	3 800	2 500	2 550
及格	68	3 580	3 680	2 400	2 450
及格	66	3 460	3 560	2 300	2 350
及格	64	3 340	3 440	2 200	2 250
及格	62	3 220	3 320	2 100	2 150
不及格	50	2 940	3 030	1 960	2 010
不及格	40	2 780	2 860	1 920	1 970
不及格	30	2 620	2 690	1 880	1 930
不及格	20	2 460	2 520	1 840	1 890
不及格	10	2 300	2 350	1 800	1 850

表 6-8 大学生 50 米跑单项评分表(单位:秒)

等级	单项得分	男生 大一 大二	男生 大三 大四	女生 大一 大二	女生 大三 大四
优秀	100	6.7	6.6	7.5	7.4
优秀	95	6.8	6.7	7.6	7.5
优秀	90	6.9	6.8	7.7	7.6
等级	单项得分	大一 大二	大三 大四	大一 大二	大三 大四
良好	85	7.0	6.9	8.0	7.9
良好	80	7.1	7.0	8.3	8.2
及格	78	7.3	7.2	8.5	8.4
及格	76	7.5	7.4	8.7	8.6
及格	74	7.7	7.6	8.9	8.8
及格	72	7.9	7.8	9.1	9.0
及格	70	8.1	8.0	9.3	9.2
及格	68	8.3	8.2	9.5	9.4
及格	66	8.5	8.4	9.7	9.6
及格	64	8.7	8.6	9.9	9.8
及格	62	8.9	8.8	10.1	10.0
及格	60	9.1	9.0	10.3	10.2
不及格	50	9.3	9.2	10.5	10.4
不及格	40	9.5	9.4	10.7	10.6
不及格	30	9.7	9.6	10.9	10.8
不及格	20	9.9	9.8	11.1	11.0
不及格	10	10.1	10.0	11.3	11.2

表 6-9 大学生坐位体前屈单项评分表(单位:厘米)

等级	单项得分	男生 大一 大二	男生 大三 大四	女生 大一 大二	女生 大三 大四
优秀	100	24.9	25.1	25.8	26.3
优秀	95	23.1	23.3	24.0	24.4
优秀	90	21.3	21.5	22.2	22.4
等级	单项得分	大一 大二	大三 大四	大一 大二	大三 大四
良好	85	19.5	19.9	20.6	21.0
良好	80	17.7	18.2	19.0	19.5
及格	78	16.3	16.8	17.7	18.2
及格	76	14.9	15.4	16.4	16.9
及格	74	13.5	14.0	15.1	15.6
及格	72	12.1	12.6	13.8	14.3
及格	70	10.7	11.2	12.5	13.0
及格	68	9.3	9.8	11.2	11.7
及格	66	7.9	8.4	9.9	10.4
及格	64	6.5	7.0	8.6	9.1
及格	62	5.1	5.6	7.3	7.8
及格	60	3.7	4.2	6.0	6.5
不及格	50	2.7	3.2	5.2	5.7
不及格	40	1.7	2.2	4.4	4.9
不及格	30	0.7	1.2	3.6	4.1
不及格	20	−0.3	0.2	2.8	3.3
不及格	10	−1.3	−0.8	2.0	2.5

表 6-10 大学生立定跳远单项评分表(单位:厘米)

等级	单项得分	男生 大一大二	男生 大三大四	女生 大一大二	女生 大三大四
优秀	100	273	275	207	208
优秀	95	268	270	201	202
优秀	90	263	265	195	196
等级	单项得分	大一大二	大三大四	大一大二	大三大四
良好	85	256	258	188	189
良好	80	248	250	181	182
及格	78	244	246	178	179
及格	76	240	242	175	176
及格	74	236	238	172	173
及格	72	232	234	169	170
及格	70	228	230	166	167
及格	68	224	226	163	164
及格	66	220	222	160	161
及格	64	216	218	157	158
及格	62	212	214	154	155
及格	60	208	210	151	152
不及格	50	203	205	146	147
不及格	40	198	200	141	142
不及格	30	193	195	136	137
不及格	20	188	190	131	132
不及格	10	183	185	126	127

表 6-11　大学生引体向上(1分钟仰卧起坐)单项评分表(单位:次)

等级	单项得分	男生		女生	
		引体向上		仰卧起坐	
		大一 大二	大三 大四	大一 大二	大三 大四
优秀	100	19	20	56	57
	95	18	19	54	55
	90	17	18	52	53
等级	单项得分	大一 大二	大三 大四	大一 大二	大三 大四
良好	85	16	17	49	50
	80	15	16	46	47
及格	78			44	45
	76	14	15	42	43
	74			40	41
	72	13	14	38	39
及格	70			36	37
	68	12	13	34	35
	66			32	33
	64	11	12	30	31
	62			28	29
	60	10	11	26	27
不及格	50	9	10	24	25
	40	8	9	22	23
	30	7	8	20	21
	20	6	7	18	19
	10	5	6	16	17

表 6-12　大学生耐力跑单项评分表(单位:分·秒)

等级	单项得分	男生 1000米		女生 800米	
		大一 大二	大三 大四	大一 大二	大三 大四
优秀	100	3′17″	3′15″	3′18″	3′16″
	95	3′22″	3′20″	3′24″	3′22″
等级	单项得分	大一 大二	大三 大四	大一 大二	大三 大四
优秀	90	3′27″	3′25″	3′30″	3′28″
良好	85	3′34″	3′32″	3′37″	3′35″
	80	3′42″	3′40″	3′44″	3′42″
及格	78	3′47″	3′45″	3′49″	3′47″
	76	3′52″	3′50″	3′54″	3′52″
	74	3′57″	3′55″	3′59″	3′57″
	72	4′02″	4′00″	4′04″	4′02″
	70	4′07″	4′05″	4′09″	4′07″
	68	4′12″	4′10″	4′14″	4′12″
	66	4′17″	4′15″	4′19″	4′17″
	64	4′22″	4′20″	4′24″	4′22″
	62	4′27″	4′25″	4′29″	4′27″
	60	4′32″	4′30″	4′34″	4′32″
不及格	50	4′52″	4′50″	4′44″	4′42″
	40	5′12″	5′10″	4′54″	4′52″
	30	5′32″	5′30″	5′04″	5′02″
	20	5′52″	5′50″	5′14″	5′12″
	10	6′12″	6′10″	5′24″	5′22″

大学生体质健康加分指标评分内容及标准具体参考表6-13、表6-14。

第六章 学校体育课程教学安全管理体系的建设研究

表 6-13 大学男生加分指标评分表

加分	引体向上（次）		1 000 米跑（分・秒）	
	大一大二	大三大四	大一大二	大三大四
10	10	10	−35″	−35″
9	9	9	−32″	−32″
8	8	8	−29″	−29″
7	7	7	−26″	−26″
6	6	6	−23″	−23″
5	5	5	−20″	−20″
4	4	4	−16″	−16″
3	3	3	−12″	−12″
2	2	2	−8″	−8″
1	1	1	−4″	−4″

注：引体向上为高优指标，学生成绩超过单项评分 100 分后，以超过的次数所对应的分数进行加分。1 000 米跑为低优指标，学生成绩低于单项评分 100 分后，以减少的秒数所对应的分数进行加分。

表 6-14 大学女生加分指标评分表

加分	1分钟仰卧起坐（次）		800 米跑（分・秒）	
	大一大二	大三大四	大一大二	大三大四
10	13	13	−50″	−50″
9	12	12	−45″	−45″
8	11	11	−40″	−40″
7	10	10	−35″	−35″
6	9	9	−30″	−30″
5	8	8	−25″	−25″
4	7	7	−20″	−20″
3	6	6	−15″	−15″
2	4	4	−10″	−10″
1	2	2	−5″	−5″

注：一分钟仰卧起坐为高优指标，学生成绩超过单项评分 100 分后，以超过的次数所对应的分数进行加分。800 米跑为低优指标，学生成绩低于单项评分 100 分后，以减少的秒数所对应的分数进行加分。

(二)学生心理健康测评

1. 小学生心理健康测量

小学生的心理健康标准主要划分为六个方面,分别是智力发展水平、情绪稳定性、学习适应性、社会适应性、自我认识的客观化程度以及行为习惯。

常用的小学生心理测量的类别与量表如下:

(1)小学生智力发展测量:如 CW-70 儿童智力测验、瑞文推理测验。

(2)小学生学习适应性测量:如日本的儿童学习适应性调查表(Ⅰ)(Ⅱ)、北京医科大学精神卫生研究所编制的儿童学习行为调查表。

(3)小学生情绪稳定性测量:如艾森克个性问卷(儿童卷)。

(4)小学生自我认识能力测量:如美国小学教育协会编制的小学生自我认识问卷。

(5)小学生行为习惯测量:如阿肯巴克儿童行为量表(Achenbach's Child Behavior Cheek List,简称 CBCL)、拉特儿童行为问卷。

(6)小学生心理健康综合测量:如我国的小学生心理健康评定量表。

2. 中学生心理健康测量

中学生的心理健康标准包括人际关系的和谐程度、学习适应性、自我认知与现实感、个性发展的良好性四个方面。

常用的中学生心理测量的类别与量表如下:

(1)中学生学习适应性测量:如福建师范大学吕贵编制的中学生学习方法问卷、中学生学习动机测验问卷、意志力测验问卷、中学生考试心理健康状况检测。

(2)中学生价值观自测问卷:如中国科学院心理研究所编制

的中学生价值观自测问卷、中学生社会成熟程度测量。

（3）中学生人际关系测量：如邬庆祥编制的一般人际关系测验、同学关系测验问卷、师生关系测验问卷。

（4）中学生人格特质测量：如卡特尔16种人格因素测量。

（5）中学生心理健康综合测量：如中学生心理健康诊断测验。

3.大学生心理健康测量

大学生的心理健康确定为人际关系和谐标准、情绪稳定性标准、心理适应性标准、焦虑标准、对现实感知的充分性标准等五个方面。

常用的大学生心理测量的类别与量表如下：

（1）大学生焦虑测量：如显性焦虑量表（MAS）、考试焦虑综合诊断量表、社交焦虑量表、焦虑症自测问卷。

（2）大学生情绪稳定性测量：如艾森克情绪稳定性诊断量表。

（3）大学生人际关系和谐性测量：如大学生人际关系综合诊断量表、大学生自卑心理诊断量表。

（4）大学生适应能力测量：如心理适应能力自测问卷、大学生心理适应性测量问卷、嫉妒心理诊断问卷。

（5）大学生现实感测量：如艾森克现实性—幻想性测验。

（6）大学生心理健康综合测量：如身心症状自评量表（SCL—90）。

（三）学生社会适应能力测量

对社会适应能力进行测量，主要对被试者在自然环境条件中所表现出来的对社会的成熟度、与学习能力有关的行为等进行了解。具体测量方法主要包括临床谈话法、实验法、社会测量法和问卷调查法。临床谈话法和实验法主要是针对低龄儿童和有生理缺陷的人群进行研究，社会测量法和问卷调查法是对其他人群进行研究。在学生社会适应能力测量中，比较常用的是问卷调查法。

问卷调查法需要借助标准的测验量表,大部分的社会适应能力评定量表都是属于智力功能评定性质,而专门从来对社会适应能力进行测量的量表并不多。常用的测量社会适应能力的量表有:美国精神缺陷学会(AAMR)所设计的《适应行为量表》(ABS)、《中国人社交关系量表》、《个体社会化程度量表 SLSV3.0》、《卡特尔 16 种人格因素量表》(16PF)、《中学生社会适应性量表》《适应能力测验》《幼儿社会适应状况量表》。下面主要对适用于学生的两个测量表进行分析。

1.《卡特尔 16 种人格因素量表》

卡特尔 16 种人格因素测验(16PF)是美国伊利诺伊州立大学人格及能力测验研究所卡特尔教授经过几十年的系统观察和科学实验,应用因素分析统计法慎重确定和编制而成的一种精确的测验。

本测试使用国际通用的 16PF 人格心理测验,同时结合中国常模标准和临床实践作出判断,主要功能是测试人的 16 项基本人格特征,并通过科学方法进一步了解各项心理学指标。这一测验共 187 道题目,这些题目采用按序列轮流排的方法,共能测出乐群性(A)、聪慧性(B)、稳定性(C)、恃强性(E)、兴奋性(F)、有恒性(G)、敢为性(H)、敏感性(I)、怀疑性(L)、幻想性(M)、世故性(N)、忧虑性(O)、实验性(Q1)、独立性(Q2)、自律性(Q3)、紧张性(Q4)16 种因素的特征;还能依据测验统计结果所得的公式推算一个人个性特征中的双重因素,如适应性与焦虑性、内向性与外向性、感情用事与安详机警性、怯懦与果断性等。此外,该量表还可计算出某些类型的人格因素的特征,如心理健康者的人格因素、从事专业而有成就者的人格因素、创造力强者的人格因素和在新环境中有成长能力的人格因素。可运用公式 $10(2A+3E+4F+5H-2Q2-11)$ 来鉴定学生的性格类型,式中字母代表相应量表的标准分数,标准分低者为内向型,高分者为外向型。本测验在国际上颇有影响,并于 1979 年引入我国,由专业机构修订为中文版。本测验具有较高的效度和信度,广泛应用于人格测评、人才选拔、心理咨询和职业咨询等工作领域。

2.《中学生社会适应性量表》

《中学生社会适应性量表》是以中学生为被试者,通过理论分析和实证调查相结合的办法,系统地揭示社会适应性的结构成分,编制的社会适应性量表。通过实证调查、因素分析和信度、效度检验,获得社会适应性的多维度、多成分初评结构模型和社会适应性正式量表。

中学生社会适应性包含有四个维度,分别是心理优势感、心理能量、人际适应性和心理弹性。

(1)心理优势感主要包括三个成分,分别是自信心、控制感和自主性。

(2)心理能量包括三个成分,分别是动力、能力和活力。

(3)人际适应能力包括四个成分,分别是乐群性、信任感、社会接纳性和利他倾向。

(4)心理弹性包括四个成分,分别是自控性、灵活性、挑战性和乐观倾向。

《中学生社会适应性量表》共研究70个题目,分别由心理优势感(15个)、心理能量(17个)、人际适应性(18个)、心理弹性(20个)四个维度的分量表组成。

第七章　学校体育教学管理体系的建设研究

体育教学是一项系统的体育知识和技能的传授活动。体育教学的特殊性使得对体育教学的管理体系进行科学建设显得格外重要。为此，本章就重点对学校体育教学管理体系的建设问题进行探究，以期为体育教学管理工作的顺利开展奠定基础。

第一节　体育教学活动的管理

体育教学活动包含有很多具体内容，它是一个动态的过程，它的开展受到多种因素的影响，从而导致产生不同的教学效果。因此，对体育教学的管理来说，其核心任务就是根据教学计划把各种类型的体育课程和体育教师以及具有差异性的学生个体合理地组成一个高效率的教学过程。

综上所述，体育教学管理是对教学计划具体执行过程中的一种管理，它管理的是动态的教学过程，管理手段有控制、组织、指挥等形式，通过体育教学管理理论的指导和多样化手段的实践实施，最终力争建立一个良好的教学秩序。体育教学管理是学校学科管理的组成部分之一，具体的教学活动管理主要有制订课程计划、日常教学工作管理、教学档案管理和教学规章制度的制订四个方面。

一、制订课程计划

体育教学管理的第一个环节就是制订课程计划。它是将一个阶段内（通常为一学期或一学年）的各项教学任务落到教学文

件中的具体内容。课程计划的制订有着严格的步骤要求,具体如下:

(1)以体育教学内容为依据制订课程计划。在体育教学中,教学内容众多,这无疑是课程计划制订的重要依据。此外,还有如师资类型、场地设备、班级数量等因素也是决定课程计划制订的依据。还有一点需要注意的是,要对体育课堂教学与课外体育活动予以综合考虑,以便统筹总体体育活动负荷。课程计划的主要内容有课程时数、不同周期的学时安排、各门课程的教学环节(如课堂讲授、裁判实习、教学比赛、考试考查等)的具体学时分配等。

(2)下达教学任务通知书。当课程计划制订完成后就要填写教学任务通知书,然后下发到相关体育教研室。

(3)落实教学任务。体育教研室在收到课程计划之后要仔细阅览,根据教学任务通知书匹配相应师资,对教研室工作统筹兼顾、全面安排,对下达的教学任务要落实到人,不可出现模糊不清的人员安排。接到教学任务的教师在通知书上签名,然后将通知书上交到学校教学主管部门。

二、编排课程表

课程表对于各级各类学校都是至关重要的一个教学管理内容,特别是对于那些学校规模较大,教学班级数量众多的学校更是如此。课程表的编制要求具有十足的科学性、合理性和统筹性。编制课表的难点就在于所编制的课程在实施过程中既要服从教学规律以及学生身心发展规律,又要兼顾学校体育物质资源和师资的配比问题。因此,编排课程表的目的是合理组织教学过程的时间、空间、人力和物力,充分发挥它们的效益,以保证教学过程的正常运转,稳定教学秩序,保证教学质量。

为了编制科学合理的课表,首先应该遵循如下原则:

(1)效率优先原则。效率优先原则是课表的编排要有利于提高学生的学习效率。例如,学生的注意力的集中程度有它的规律,在此之下为了保证教学的效率,就应该将较为重要的内容安排在学生精力充沛的时间,如上午;而下午和晚上则更适合安排一些休闲性较强的教学内容。

(2)有利教学开展原则。课表的编制始终要秉承有利教学活动开展的原则进行。有利教学开展具体是指课表的安排使教师合理分配体能与精力,避免出现某些教师在某一时间内负担过重、过于疲劳,而其他一部分教师连续出现空课的情况。合理的安排应该是避免教师过多连续上课,有一定的休息与教学思考的时间。

(3)合理利用体育资源原则。学校中汇集的体育资源较为丰富,但有时还是显得资源不足。为了解决学校体育资源有限的问题,就需要在编制课表上动一番脑筋,这就是要秉承合理利用体育资源的原则。实际上,合理利用体育资源的关键就在于提升体育场馆与设施的使用率,即尽量在合理程度中饱和使用资源,减少场馆闲置时间,班级与班级之间的教学安排要衔接紧密,避免出现同一时间对体育资源利用的"超载"和闲置现象。

三、日常教学管理

日常的教学管理工作是教学管理的主体,这也是教学计划中规定的主要实践内容。日常教学管理是教学计划的具体体现,其在每天的教学活动中都能展现出来,此外,教学计划的修改与完善,以及日后的再制订需要通过日常教学管理获得经验与实践论证。鉴于日常教学管理工作的重要性,就需要对日常教学工作进行周密组织和严格管理。

日常教学管理工作主要是根据学期教学计划的要求开展。不同学期的教学工作有类似的地方,但具体到详细开展时也会出现一些差别。就一学年中的上下两个学期来讲,每个学期都能再被分为期前、期中和期末三个阶段。一般来说期前主要是对新内

第七章　学校体育教学管理体系的建设研究

容的教学,期中和期末要对之前所学的内容进行阶段性的考核。鉴于每个学期中不同阶段的特点,每一阶段的日常教学工作都要抓住学期的教学规律,周密组织,加强管理,认真落实。

(一)学期前的主要工作

学期前教学主要是开学前后的时期。这一时期的教学准备和教学开展对于一学期的开端起到关键的导向作用,将这段时期的教学工作开展得当,可以给整个学期开一个好头。开学前后的主要工作如下:

(1)制订好教学工作计划。在开学前,所有在新学期内有教学任务的教师都要认真学习和领会学校的学期教学要求,总结上学期教学工作的得失,再结合本学期体育教学的目标与要求,最终共同商讨、编制出新学期的教学工作计划。

(2)检查教学准备的情况。在教学工作计划出炉之后,还要对每节课程的教学内容做好准备工作,这是教学过程组织和管理的一个不可或缺的环节。教学的准备主要在于抓好备课、教材、教学设施等方面。其中,对于教师的备课要求要具体、全面、科学;教材的选择要恰当和具有可操作性;教学设施要确保能够正常使用,并且保证安全。

(二)期中教学的主要工作

期中教学的工作重点除了继续落实教学计划的教学工作外,还有一项重要工作就是要对学期开始后的教学质量进行评估。期中阶段的期中考试就是一种较为明显的阶段性考核方式,这点对于体育教学来说很有必要。为此,在进行期中教学考核时要坚持全面质量管理的观点,通过多元化的测评方法对教学效果进行测评。体育教学的主管领导要对期中教学和考评工作给予足够的重视,围绕教学这个中心对体育教学工作进行大检查。在检查中如果发现了问题,应该及时找到问题来源并加以改善,将问题记录汇总,为日后的教学积累经验和案例,这对日后相关教学文件的完善大有益处。

(三)期末教学的主要工作

学期期末阶段是检验整个学期教学成果的阶段。在这一阶段中主要有组织期末考试和组织教师分析教学质量与教学经验总结两大工作。

(1)做好期末考前的复习工作与组织考试的工作。对于学生来说,期末考试是一学期学习最终的"重头戏",每名学生都对这项考试予以较高重视。为此,在期末考试到来前的一个月左右就开始针对性地进行复习。对于体育课程的学习也是如此,复习的重点在于组织学生回顾整个学期中所学习的体育理论知识和专项技术。教师在即将到来的期末考试前要做好考试的准备工作和组织工作,如拟定理论课考试考题和制订技术考核的组织方法等。与此同时,体育教学管理部门要做好复习和考试所需的各项后勤保障工作。

(2)做好学期教学质量分析工作与总结工作。对于体育教学来说,分析教学质量的核心就是评价学生对运动知识、运动技能和运动情感的获取程度。对这三方面的质量分析与总结需要以教学过程的规律为基础进行,即在评价中既要注重定量评价也要注重定性评价,特别要逐渐增加形成性评价的占比,这也是目前素质教育所提倡的考评方式。教学质量分析与总结是一个较为综合的过程,其过程并不是很标准,并不是将对教学质量的分析和教学工作的总结相叠加而成,更不是简单的概念堆砌。教学质量分析和教学工作总结有利于吸取教学缺陷带来的教训、推广优秀的教学经验、改进教学和提高教学质量等。

除上述最重要的两项工作外,期末阶段的教学工作还有录入学生成绩单、相关教学文件归档等。

四、教学档案管理

对教学档案的管理主要是将教学过程中产生的各类教学文

件中有价值的部分进行收集、整理和分类,为日后的教学研究或教学开展提供参考和实践案例。具体来看,教学档案主要是那些记载和反映体育教学实践和教学研究以及管理活动、具有保存价值,并按照一定的立卷、归档制度集中保管起来的教学文件材料。常见的教学文件的形式主要有文字材料、照片、视频、绘图等。

教学档案的管理包括收集、整理、保管、鉴定、利用和统计六项具体工作。

(1)收集,是根据档案管理的相关原则和遵照档案制度,对体育教学实践、教学研究和管理活动中形成的且具有保存价值的教学文件予以接受。收集是教学档案归档的第一个环节,这是后续教学档案管理工作的基础。对于收集这个首要环节来说,最重要的就是所收集的档案材料的质量是否具有价值。

(2)整理,是对教学档案加以系统整理。整理的方式有编号、分类、编目等。

(3)保管,是对档案给予妥善的存贮,以最大化地延长档案的寿命,特别是纸质档案的寿命。档案的保管通常是要维持多年的,有些甚至要留存几十年。对档案的妥善保管是进一步巩固整理工作成果,确保档案的完整和安全的重要措施。在信息化时代的今天,要格外注重对传统档案管理方式的改革,以使档案管理能够逐渐向数字化方向发展,进而使档案的保存更安全、更长久。

(4)鉴定,是对收集而来的档案进行保存价值评估,以确保最终存留下来的档案是具有较高价值的。不过,社会始终是发展变化的,体育教育工作也是如此,在这一过程中,过去留存的一些档案在现在看来就显得过于陈旧或老化,保留价值逐渐减少甚至丧失。为了能够给档案储藏留出足够的空间,就需要根据保管期限,定期剔除失去保存价值的教学档案,完成一个档案的新陈代谢过程。

(5)利用,是档案保存的唯一目的。使用档案就是发挥其保存价值,参考过往的教学档案可以为日后的体育教学中的各个环节提供参考或经验。

(6)统计,对档案进行统计一般是通过数字的形式而进行的档案管理活动。统计档案的目的在于使档案管理人员对档案的保管工作进行适时监控,使档案工作更有条理和更具效果。

五、教学规章制度管理

体育教学管理离不开一个合理的规章制度。对于包括体育教学在内的学科教学管理行为来说,其规章之度的建立都是需要以长期的理论研究与实践经验总结为基础的。所制订的规章制度中的每一条条款都是紧密围绕着教学规律而来的,具有十足的理论性、科学性和可操作性,这对于稳定教学管理行为具有重要意义。体育教学制度一旦制订,就必须要求教师、学生和学校管理人员一同遵守,这也显现出了一定的强制性特点,对教学主体的行为有约束作用。

制订教学规章制度要做到严谨、客观和具有可操作性。教学规章制度是否制订得科学合理直接影响着教学过程的顺利与否。为了保证教学规章制度的科学合理,就需要在制订制度之前深入一线课堂进行调查,这一调查的时间不是几天几周,而是一学年甚至几学年,只有如此才能基本了解体育教学过程中的各个环节及其特点规律,然后再通过大量的理论与实践验证,最终总结出教学规章制度。一般来说,制订教学规章制度需要遵循如下要求。

(1)制订的规章制度要对其中所要表述的内容予以明确,对每一条条款都要做到认真研究、深入探讨,避免出现模糊不明的表述或歧义语句。

(2)一切教学规章制度中的内容都要遵循学生的身心发展规律,并且还要与学校体育文化有所联系,力求让包括体育教学在内的学校体育文化成为学校的一大亮点。

(3)制度中的内容要在实际中有可行性。在每条内容确立之前都做过可行性论证和实际意义的评估,因此,内容一旦确定,在短

第七章　学校体育教学管理体系的建设研究

时间内基本不会再做较大变动,如此有利于制度的长期贯彻落实。

(4)所有体育教学主体都要遵守制度。体育教学主体包括教师、学生和管理人员,他们都是教学规章制度所约束的对象。为此,需要组织相关学习工作,学习过后还要组织讨论。实际上这也是让他们充分理解制度深层含义的过程,这无疑会使他们对制度有深度理解,以及认识到制度有严肃性,提高其贯彻制度的自觉性。

(5)制订规章制度的主要遵从对象是包括体育教师和学生及相关管理人员在内的体育教学主体。为此,制订制度时就要坚持对教学主体的严格要求,设立的管理目标要具有可操作性,目标不应太高或太低。即便其中有些内容需要遵照上级管理部门的要求而来,但也不能完全简单地照搬和复制,而是要从实际出发,将之与本校体育教学的实际情况相结合。

就体育教学来说,其规章制度比其他学科制度涉及的范围更大,内容更多。因此,就需要根据这些体育教学的特点进行有针对性地制订,于是就使得体育教学规章制度有两大类型。

第一个类型的制度是国家及国级教育机构统一制订的制度。例如,国务院制订的《中共中央国务院关于加强青少年体育增强青少年体质的意见》《高等教育法》《高等学校体育工作基本标准》《学校体育工作条例》《国家学生体质健康标准》。或者是由教育部制订的《全国普高等学校体育课程教学指导纲要》《国务院办公厅转发教育部等部门关于进一步加强学校体育工作若干意见的通知》等文件。

第二个类型的制度是实际开展体育教学的学校制订的制度。学校制订的体育制度就是我们常见的最基础、最具体、最有实效性的制度,它的制订不仅要以国家及国家级教育机构的制度为基础,还要兼顾本校实际情况和体育教学环境。学校制订的体育教学制度涵盖的方面包括课堂规则、考勤制度、考场规则、请假制度、选课制度等。这些制度具有较强的稳定性,此外,还可以根据体育教学环境的变化做适当修改。

第二节 体育教学人力资源的管理

一、体育教师的管理

体育教师是体育教学主体之一,对体育教师进行科学管理对于全面贯彻体育教育方针和提升体育教师的思想与业务素质水平有极大帮助。对学校体育教师的管理主要有以下几个方面:

(一)教师规划管理

教师规划管理包含的内容主要有以下几个方面:

(1)制订体育教师编制计划。一所学校中都需要配备体育学科教师,为此在教师编制中都有体育教师的编制,这就是学校体育教学工作的基础。学校体育教师编制要与国家教委颁布的相关条例相符,此外还需要结合学校实际情况,如师生比例和体育教学任务来确定,以确保学校体育教学工作有足够的师资力量保障。

(2)制订体育课时工作计划。体育课时工作计划的制订依据为学生在校期间的体育学科必修课、选修课、课外活动、学校运动队训练及比赛等教学活动任务。在此基础上,对参与教学指导活动的体育教师合理分配和安排工作。

(3)制订体育教师引进计划。任何事物的新老更替都是自然的、必须的。学校体育教师的引进要以本校体育教师的编制情况、年龄结构等为依据,有计划地引进能力强、学历高的体育教师。

(4)制订体育教师培训计划。尽管体育教师大多出自体育专业院校,拥有一定的体育知识和技能,但这并不代表就可以停止学习。体育学科的发展日新月异,为了保持教学始终处于前沿,体育教师需要不断地再学习,这对学校体育水平的提高起到积极的促进作用。常见的体育教师培训计划包括短期培训和长期培训。短期培训一般利用寒暑假等业余时间进行,长期培训是脱离岗位参加专业培训或出国深造。

(5)制订体育学术交流计划。对任何学科的教学工作来讲,为了提升教学质量和开展多元化的教学,安排体育教师参加多种形式的学术交流活动是非常必要的,这无疑有利于提升体育教师的科研水平和综合素质。

(二)教师选拔管理

体育教学管理中对教师的选拔是决定一个学校体育师资质量的关键。为此,在选拔体育教师时需要注意以下两个方面:

第一是注重扩大选拔范围。选拔范围的扩大可以减少错过优秀人才的概率,在选拔范围扩大的同时还要配合新的选拔渠道的开辟,不管是本校还是外校,是本地还是外地,是国内还是国外,对于与体育教师选拔资格相符的人员都应该给予机会,在选拔上秉承"不拘一格降人才"的理念。

第二是注重体育教师的思想品行选拔。体育教师的为人师表作用更为明显,这就要求他们不仅要具有过硬的专业知识和技能,还要拥有高尚的品德、健康的形象,不可偏颇其一。

(三)教师聘任管理

在选拔教师的工作完成后就进入到教师聘任管理的环节中。为了保证聘任体育教师的质量,需要满足以下几点要求:

(1)职能相称。体育运动项目众多,一些体育教师除了具备基础体育课程教学技能之外还拥有自己的专项运动技能,如篮球、足球、乒乓球等。基于此,就需要在教学任务分配之中使教师各尽其职,各自发挥各自的特长。

(2)按岗聘任。传统的聘任管理方式是"以人为中心"的,但现如今提倡精简高效,因此应该逐渐转变为"以事为中心"。通过对教师岗位意识的强化以及教师职责的明确,尽量避免岗位设置不明,职责不清的情况。

(3)职称评定。教师职称评定是聘任管理中的重要环节。职称评定是对一名体育教师能力的综合评定,通过职称评定的方式来激励体育教师的工作热情,激发他们的工作潜能。

(四)教师培训管理

现代体育教学的发展速度飞快,为了适应这种发展,就需要体育教师不断完善自我,对所教课程进行再认识和再学习,为此就需要参加体育教师培训。目前,常见的体育教师培训机构主要有体育学院、体育教师进修学校、自学考试机构、单位体育机构等。目前,最常见的体育教师培训形式主要为在职培训和岗位培训。

(1)在职培训。体育教师在原来职务岗位上继续工作,在业余时间参加的培训。常见方式为业余时间自学、指定专人培训或通过成人继续教育等形式进行的学习。

(2)岗位培训。以当下体育岗位工作的需要和岗位人员的素质要求为主要依据,对体育教师进行的一种有目的的组织性培训活动。

(五)教师考核管理

对体育教师进行考核是检验他们教学水平的重要形式,而考核的内容、方式、评定等环节就成为教师考核管理的关键。为此,在进行考核管理时需要秉承如下原则:

(1)发展性原则。针对教师的考核要本着发展的宗旨进行,考核的目的不是区分优劣,而是使所有体育教师紧跟体育教学发展形势,不断进步。

(2)实事求是原则。要想使对体育教师的考核工作富有实效,就需要秉承实事求是的原则进行考核。为此,测评要从教学的实际出发,结合教学的主客观因素综合考量,切不可片面和脱离实际。

（3）全面性与侧重性相结合的原则。对体育教师考核的全面性原则是指考核指标要全面，定性评价和定量评价兼具，硬指标（工作量、科研成果等）和软指标（科研成果水平、教学效果等）结合，如此更注重体育教师的综合能力。而侧重性则是要以具体的考核目标为依据有针对性地选择具体的指标进行重点考核，如此更注重体育教师的专业能力。

（六）教师评价管理

考核过后就可以获得足够的信息来对体育教师的教学工作进行评价。体育教师的评价方式主要有如下三种：

（1）自我评价。体育教师根据评价要求对自己的工作进行评定。这里需要注意的是，从心理学的角度上分析，一般情况下自我评价的结果都会高于客观的实际表现，因此在参考体育教师的自我评价时要适当"挤出水分"，以求结果更加真实客观。

（2）领导与同行评价。领导与同行的评价顾名思义就是由体育教师的上一级管理人员和教师同事对某体育教师进行评价。与前面的教师自我评价不同的是，来自领导与同行的评价往往会比较客观，因此这比自我评价更全面、更准确。

（3）学生评价。学生是重要的体育教学主体之一，他们与体育教师亲密接触，从理论上说对体育教师的评价应该是最为准确的。但实际上，鉴于学生的评价角度不同以及身心发育水平尚不完善，很多地方还不能理解教师的用心，所以，学生评价主观性较强，当然，这并不是说学生评价教师的教学就没有任何意义。

二、学生的管理

体育教学中针对学生的管理主要是为了更好地通过体育教育提升学生身心健康水平，并且能顺利完成所规定的体育教学工作。具体来说，学生的管理涉及的内容有以下几个方面：

(一)学生体质健康管理

据统计,我国学生的体质健康水平逐年下降,这已经得到了社会各界的广泛关注。学生的身体健康水平直接关系到我国未来社会各方面建设的人才储备质量问题,因此,这就要求必须对学生体质健康进行管理。具体管理措施有积极向学生做好健康宣传教育工作,定期对学生进行体质检查,建立健全学生健康管理制度,将检查结果纳入学生档案,编写登记后汇入总登记册。此外,对于体弱、伤残等学生要制订特殊的体育活动形态或制度,对这类学生的健康管理不能忽视。同时,还要对全体学生的体质与健康状况进行深入分析和研究,各学校均有责任做好学生体育健康数据收集与定期上报工作。学校领导要对学生体质健康管理工作高度重视,多项措施并举,力争使学生的身体健康水平逐步得到提升。

(二)学生课堂纪律管理

良好的课堂纪律和秩序是体育教学顺利有序开展的基本保障。要想做好学生课堂纪律管理工作,一方面要依靠体育教师的课程组织控制能力;另一方面还要求学校制订统一的规定,使体育教师向学生提出一致的要求,并在各方面给予密切的配合和支持。

(三)学生课外体育活动管理

学校的课外体育活动是学校体育文化的重要组成部分。尽管这类体育活动是在教学内容之外的,但也需要进行正确的指导和管理,以此使课外体育活动成为课堂体育教学的再延伸和再拓展,进而实现发扬学生运动特长、增强学生体质、提高学生素养。为此,对学生课外体育活动进行管理就需要秉承如下原则:

(1)需要性原则。课外体育活动不同于课堂体育教学,它的存在应该以满足学生在课堂体育教学中不能满足的需要为前提,即课外体育活动应该是学生热切盼望开展的项目和方式。

（2）指导性原则。课外体育活动不应是放鹰似的随意活动，它也应该在负荷运动规律的范畴内开展，并有体育教师给予必要的指导，如此也可以使课外体育活动更加安全，促进学生身心健康水平的提升。

（3）多样性原则。学生对体育的需求是多种多样的，因此在安排体育课外活动时应充分考虑大多数学生的运动需要，要更加突出多样性，使学生的参与有更多选择。

（4）可操作性原则。安排的课外体育活动要具有可操作性，为此就需要在项目设置上考虑学校现有的体育资源和教师资源。

（四）学生学习评价管理

学生学习的评价管理方式主要有下列三种：

（1）学生的自我学习评价。学生是最了解自身学习状况的人，因此，自我评价是必须要有的方式。自我学习评价的时期一般为期末或学年末，通常学生的自我评价会高于实际状况，为此，在参考这部分评价时要把学生的自我评价与功利性分离开来。

（2）教师对学生学习进行评价。教师对学生学习情况的了解基本准确，但一个教学班中的学生众多，教师对学生学习状况的了解难以全面和深入。教师对学生的评价要充分考虑学生对体育知识和技能的掌握情况，并且还要参考学生平时的上课态度和对体育运动的理解，然而再按照统一的评价标准对学生进行一个分数形式的评价。

（3）学生间的学习互评。学生间的互评也是教学评价的重要方式。同学之间互相评判对方的体育学习情况，有利于学生之间互相交流，认定优点，找出不足。在学生互评前，体育教师要对互评提出要求和正确的引导。这种评价方式的结果客观性较强，可以更多地作为评价学生体育学习情况的参考。

第三节　体育教学物力资源的管理

一、体育场馆设备设施的管理与维护

(一)体育场馆设备设施的管理

1.零故障的设备设施管理

故障一般分为功能停止型故障和功能下降型故障。零故障的基本观点认为,设备的故障是人为造成的,只要人主动采取一定的措施和手段,设备就能实现零故障。要想实现零故障,就需要人转变思维和观念。零故障观点的意义在于指导人们正确认识故障,做该做的事,以避免强制劣化,延缓自然老化。

(1)故障产生的原因

故障产生的原因一般是在产生故障之前没有注意到故障的潜在缺陷。零故障的原则,要求人们要密切关注设备的运转情况,在未产生故障之前加以重视,及时采取修整和预防的措施,就能避免故障。

(2)实现零故障的对策

要想最大程度地实现零故障,必须做好以下几方面的工作:

第一,清扫、加油、紧固等。

第二,严格按照使用条件使用。

第三,经常对设备进行检查和预防修理。

第四,改进设计上的不足。

第五,提高人的素质。

落实上述五个对策需要使用部门和保养部门之间相互协作才可。在使用部门,要以基本条件的准备、使用条件的恪守和技

能的提高为中心。保养部门的实施项目有使用条件的恪守、劣化的复原、缺点的对策和技能的提高等。

一般来说,在体育场馆中,往往是使用部门和保养部门合二为一,成立设备工程部。但在应用中,操作使用和维护保养也存在两部分人员分别完成的模式,同样有必要相互协作。

2.设备设施的安全管理

设备、设施的安全保障的规定如下:生产设备设施的场所及生产设备等必须符合国家有关安全的规定,在必要的位置要设有安全警示标志;特种设备必须由指定专业生产厂家生产并取得安全许可证才能投入使用;对于设备设施的维护与检修要定期进行,并且由专业技术人员负责;对于不安全的设备和设施要坚决予以淘汰。

3.设备备件管理

设施设备经常长时间的使用后,总会出现一定的问题,这就需要对设备进行检查和维修。检修工作必然会占用一定的设备使用时间,为此,为了减少停用时间,就需要提前根据设备的磨损规律和零件使用寿命,将其中损耗较大的零部件提前准备好以及按比例储备备用零件,及时地为设备维修提供优质备件。这是缩短设备停修时间、提高维修质量、保证修理周期、完成修理计划、保证企业经营的重要措施。对设备备件进行管理的主要目的就是用最少的备件资金,来保证设备维修的需要。

(1)备件管理的主要任务

备件管理的主要任务有以下几点:

第一,做好备件的保管供应工作,合理地确定备件的储备品种、储备形式和储备定额。

第二,及时有效地向维修人员提供合格的备件,特别是要做好核心部件的供应工作,以保证核心部件出问题后能及时更换。

第三,对备件在设备中的日常使用情况进行记录。记录的内容除了在使用过程中的常规情况外,还需要对使用效果乃至市场价格信息有所了解和记录。这会为该备件日后的采购带来便利,如采购的形式和采购对象的选择等。

第四,备件管理人员要做好备件管控过程中的一切管理工作,以使用于购买备件的资金的使用效果达到最大化,力求从根本上降低备件的综合管理成本。

体育场馆中的设施设备种类繁多,非常复杂,要求备件专业工作人员不仅要熟悉这些设备的基本情况和使用知识,同时还要能编制计划、申请订货、设好仓库、管好流动资金等。

(2)备件库的管理

库存管理是设备备件管理工作的重要组成部分。设备管理人员应当按照程序和有关制度认真保存、精心维护,保证备件库存质量。通过对库存备件的发放、使用动态信息的统计、分析,可以摸清备品配件使用期间的消耗规律,逐步修正储备定额,合理储备备件,及时处理备件积压、加速资金周转。

(3)备件管理模式

在备件管理的过程中总会出现一定的问题,这是正常的。其中库存积压、资金浪费等就是其中常见的现象。为了不占用过多的流动资金,或者避免备件短缺,影响设备的及时修复,目前多采用 ABC 分类管理法。

备件 ABC 分类管理法又称为重点管理法,是物资管理中 ABC 分类控制法在备件管理中的应用。该方法将备件按一定的原则、标准分为 A、B、C 三类。A 类备件是管理的重点,应严格清点,减少不必要的库存,将库存压缩到最低限度。B 类备件可以应用存储理论进行合理的储备,采取定量订货方式。C 类备件可简化管理,国内一般采用集中订货方式,周围供货市场条件好的企业,可采取只存备件供应信息,需要时再进货的储存模式,尽可能少占用备件资金。

上面所述的备件 ABC 分类管理法在实践管理过程中可以起到不错的效果,它不仅能较好地保证维修需要,而且还可以有效减少备件的储备数量,这显然有利于资金调配。由此可见,这是一种行之有效的备件管理方式。

4.典型设施设备的管理

(1)供配电系统

对供配电系统的管理往往是确保体育场馆和设施正常运转的关键环节。它主要包括如下内容:

①聘用专业电工人员和相关设备维修人员。

②制订供配电运行制度和电气维修保养制度。

③配备维修和保养的必需工具以及安全防护用品。

④定期对用电计量仪表进行检查和校验。

⑤建立不可抗力条件下的预警机制与应急机制。

(2)给排水系统

给排水系统管理工作主要包含如下内容:

①建立专业化的管理团队。该团队专门负责室内外给排水设备的正常运行、维修与保养等工作。

②制订相关管理制度,建立健全保障机制和检修机制。

③建立给排水工程技术档案。

④配备必要的工具和安全防护用品。

⑤制订供水计划,保证供水的水压、水质。

⑥有应付台风、暴雨、大面积积水等紧急事件的应急措施等。

(3)电梯系统

电梯系统管理工作的主要内容如下:

①聘用专门的电梯管理人才,该类人才应具有国家认定的职业资格等级标准。所有从事电梯管理的人员都要持有国家或地方有关管理部门认可的上岗资格证书。

②制订电梯维护保养制度。该制度的建立要以电梯制造厂家提供的原始数据和图纸为基础,以数据说话,避免完全凭经验行事。

③建立电梯技术档案。

④配备全套电梯维护与保养所需的工具,以及常用的电梯维护保养所需的备用零件与耗材。

⑤进行电梯的用电计量和运行成本核算,以此测算出电梯的使用成本等。

(4)空调系统

空调系统管理工作的主要内容如下:

①聘用专业空调管理技术人员,该人员要有相应岗位资格。

②建立空调系统技术档案。

③制订空调系统管理机制。

④配备空调维护保养工作所需的工具,以及常用零部件与耗材,建立空调专业维修服务公司和零件供应商档案等。

(5)体育器材设备的入库管理

体育器材入库时应认真比对发货单逐一验收,然后详细做好登记入库工作。完善器材登记表的填写工作,该记录表应设有器材名称、数量、单价、规格、生产厂家、入库时间和备注等项目。

由于不同器材的属性、使用频率以及保管方式的不同,因此应该采用分类保管的形式。多数器材可以置于器材架上,大型器材设备可置于干燥的地面上,精密器材多放置于特质保管箱中保存。

体育器材的种类和数量很多,要想更加全面地进行管理,需要对器材建立档案。具体步骤为对器材进行分类编号,表示器材种类、使用部门、器材序号,然后将相关的技术资料整理归类,即将设备的品种、名称、规格、价值、数量、生产厂家、购买日期、使用部门、技术数据及使用说明书等有关资料按编号整理保存。

综合来看,鉴于体育器材的种类较多,材质各异,尽管各有各的保管方式,但总的来讲都要秉承器材管理的基本原则和方法。关于器材的存放,器材室应有存放器材设备的目录和地点,具体存放处还应该有本处存放器材设备的名称和数量记录。

(二)体育场馆设备设施的维护

对于体育场馆设备设施的维护来说,一般设备应做好日常的维修和保养,重大的主要设备应采用预防性维修的措施,防止设备出现不必要的故障。

1.设备的保养

(1)维护保养的内容

对不同类型的设备,应根据其使用特点,采取不同维护保养方式。总的来说,维护保养的内容主要是做好清洁、紧固、润滑、调整、外观表面检查等工作。

清洁:设备经过长期使用后,通常会发生一定程度的磨损和局部的堵塞,有时还会造成润滑剂的恶化和设备的锈蚀,致使设备的技术性能下降,这时就必须要做好设备的清洁工作,清洁要做到深入和彻底。

紧固:设备经长久使用后,很多部件有可能会发生松动,这就必须要做好检查设备的坚固程度的经常性工作。

润滑:润滑管理是正确使用和维护设备的重要环节。润滑管理要求做到"五定",即定人、定质、定时、定点、定量。

调整:设备零部件之间的相对位置及间隙是有其科学规定的,因设备的振动等因素,零部件之间的相对尺寸会发生变化,容易产生设备故障,因此必须对有关的位置、间隙尺寸进行定量的管理,定时测量、调正,并加以坚固。

外观表面检查:指从设备的外观做目视或测量观察、检查。检查内容包括:设备的外表面有无损伤裂痕;磨损是否在允许的范围内;温度压力运行参数是否正常;电机有无超载或过热等。

(2)设备维护保养的方式

一般来说,体育场馆的设备都比较昂贵,需要加强日常的维护和保养。该方式主要包括日常维护保养工作、定期维护保养工作、设备点检、设备的自主保养。

日常维护保养工作是设备维护管理的基础,应该坚持实施,并做到制度化,特别是周末或节假日前更应注意。

定期维护保养的工作要由操作人员和检查人员来共同完成。

在维护保养的过程中,要根据设备的用途、结构复杂程度、维护工作量以及人员的技术水平等来决定维护的整个周期和维护停机时间。

通过设备的点检可以很好地掌握设备的性能、精度、磨损等情况,及时清除隐患,有效地防止突发事故。设备点检时可按制造厂商指定的点检点和点检方式进行工作,也可根据各自的经验补充增加一些点检。设备点检时可以停机检查,也可以随机检查。检查时可以通过听、看、摸、闻等方式,也可利用仪器仪表进行诊断。

设备的自主保养是指生产使用部门进行的以"防止设备劣化"为中心的保养活动。设备的自主保养强调的是"自己的设备由自己管理",做一个不仅会操作设备,还会保养设备的人。因此,操作人员还须具备能发现异常;能正确、迅速地处理异常;条件设定;维持管理四个方面的能力。

2.设备的修理

(1)设备的计划检修

对正在使用的设备,根据运行规律及计划点检的结果,确定其检修间隔期,编制检修计划,对设备进行的预防性修理,就是计划检修。计划检修能使设备一直处于完好能用的状态。计划检修工作一般分为小修、中修、大修和大修四种。

(2)抢修

虽然对设备进行了预防性检修,但是也会有一些特殊情况出现,因此还有必要准备设备设施故障的应急预案。如供电突发性事故的应急措施、中央空调系统应急处理方案、电梯故障应急处理方案、故障或停电困人救援方法、液化气泄漏应急预案、水浸应急预案、抢修服务工作程序、严重漏水泄水应急措施等。

(3)经验维修与科学规范维修

①经验维修指的是维修人员依据过去的维修经验进行检查或诊断故障。经验维修是过去常用的一种设备检修的方式。但

在面对维护要求越来越高的现代设备设施时,仅仅依据经验维修常会出现各种失误,仅凭经验难以应对日益复杂多样的现代化设备。

②科学规范维修则是经验维修的继承和发扬,它是一种先进有效的维修方式。科学规范维修要求每一位维护人员必须提高自己的业务理论水平,坚持以科学规范的维修态度和方法去维护设备,这样才能保证设备安全。科学规范维修是经验维修的升华,它以严谨科学的维护方式对待、解决设备问题。

(4)维修工程的管理

维修工程的管理又分为内部维修和委外维修。

①内部维修:维修主管部门应根据年度检修计划及设施、设备运行情况填写《维修工程审批表》,制订维修方案及预算,上报审批。设备维修完成后,维修主管应及时组织设备责任人及值班人员进行试运行。设备鉴定标准参照国家部级行业验收规范执行。维修内容及结果要做好详细的记录。

②委外维修:合同内的保修或难以处理的问题,要专业供货方或其他专业厂商解决,这就是委外维修。外方检修时,维修主管部门应在施工现场设置标志,并要求检修人员或单位做好围挡或安全护栏。尽管采用委外维修的形式,但维修主管部门仍需要要求承修团体或个人遵循维修管理的制度开展维修工作,并且安排专人监督。对评估过程中发现的较大或普遍存在的问题,以书面形式通知承包方,并提出整改要求,限期整改。

二、各种体育场地的管理与维护

(一)塑胶跑道场地的管理与维护

塑胶跑道场地较为专业,通常将这种场地铺设为田径跑道。塑胶跑道具有良好的性能,但同时对它的保养也更为苛刻。因此,对其进行养护与管理就需要更加周全。

塑胶场地通常只供专项运动训练和比赛使用,场地上禁止任何机动车辆行驶碾压。不准携带易燃、易爆和带有腐蚀性的物品进入场地,严禁在场地吸烟。运动者进入场地需穿专业运动鞋。为防止剧烈的机械性冲击和摩擦,严禁在塑胶场地上使用杠铃、哑铃、铅球、铁饼、标枪等器材。另外,过重的物体不应长时间放置于塑胶场地上。紧靠内侧沿的第一、二条跑道使用较多,必要时应设置障碍物以减少这两条跑道在非训练和比赛时的使用频率。跑道上的各种线和标志要保持清晰醒目。

注重对塑胶场地的保洁工作。在日常清理的基础上还要在每季度进行一次大洗,对于场地中污垢较多较厚的地方应用专用清洁剂清洗;夏季应在中午或午后的空闲时间中给场地浇水降温;场地如发生碎裂、脱层等现象应及时修补,以免破损面逐渐扩大;不应忽视对场地周围的沙坑、草地等区域的洒水作业,以防尘防土,影响场地的清洁。除此之外,还要时常检查场地下水道是否畅通,发现问题及时处理,否则就会影响场地的正常使用。

(二)水泥混凝土场地的维护

对于水泥混凝土场地的维护首先要做好保洁工作。由于该类型场地几乎没有渗水能力,因此,在雨季应及时清除积水,冬季应及时清除冰雪;在不同季节及时填充或铲除填缝料,保持接缝完好,表面平顺;避免砂石杂物嵌入接缝内导致水泥混凝土板壁被挤碎;对宽度在 3 毫米以下的非扩展性裂缝,可用沥青、环氧树脂等低黏性材料灌注。

(三)草坪场地的管理与维护

草坪场地更多用于足球比赛和田径运动中的田赛比赛。由于草坪场地的造价昂贵且后期养护也需要一笔不菲的支出,所以,一般学校中较少使用。对于草坪场地的使用时间要根据季节和草的生长情况来安排,具体使用时间应根据当地气候等方面的条件决定。

第七章　学校体育教学管理体系的建设研究

在草坪场地的管理与养护方面,应禁止机动车辆进入草坪;田径田赛训练通常不使用草坪场地;在草坪场地进行足球比赛应严格要求运动者穿专业足球鞋。

管理人员要了解各种草的生长规律,了解运动场草坪养护一般标准(表7-1)。

表7-1　运动场草坪养护一般标准

养护项目	目的	操作规程
修剪	保证运动顺利进行	剪草留茬高度:夏季时留2~4厘米,冬季时留3.5~7.5厘米。剪草以在1天内剪完1遍为好,剪下来的草应立即清除,以免霉烂,损坏草坪。剪草之前要用1吨重碾子压一遍,以免杂物损伤剪刀
喷水	保证运动顺利进行	草坪要1个星期喷1次水。6月下旬~8月份,除雨天外,需每隔1~2天喷1次水。喷水的时间最好在下午6:00至晚间,或早晨9:00以前。入冬前要浇冬水1~2次。
校正紧密度	使草坪使用耐久、排水良好,促进草皮生长,使运动性能良好	定期耙松表层
防治枯草层	改进地表排水,促使草坪生长,预防病害	耙地松土,旋转耙地,平衡pH值,保持养分适量
施追肥	在剪草影响及过度压踩情况下保持草坪草强壮生长	氮20,磷10,钾10,追肥每亩16.67千克,必要时增施。最好是把化肥溶于水中喷洒在草坪上。一般每年施追肥2~4次
找平(压平)	为了保持运动场表面在被霜打及修补小草块或营养繁殖后地表的平整性	利用土壤不潮湿之际耙松表层并滚压。拉滚时须注意力量均匀

续表

养护项目	目的	操作规程
修补措施	保持运动场表面的完整性,加速自然更新,防止杂草侵入	新草坪与旧草坪之间留有1.5~2厘米的空隙,并填满泥土。要浇洒足量的水,略干后,用1千克重碾子压两遍,使草坪平伏、结实,利于草生根繁殖。修补草皮后,需重新在播种地块追肥
防除杂草	清除与草坪竞争的阔叶杂草	草苗长出地面2厘米之后,要拔除野草。开始7天拔一次,连续拔4~6次。视野草生长情况确定拔草时间和次数。也可以每年喷施若干次选择性除草剂

草坪的季节生长规律决定了冬天对草坪的损害最为严重。为此,在草坪越冬前要做好必要的保护措施。例如,越冬前要对草坪进行修剪,以便来年的生长有利;给草坪浇冻水,以便来年早期的生长中可以从土壤中获得充足的水分;早春草坪嫩叶返青前,很有必要滚压1次。如果是在我国北方地区,3月初至4月底的时间段中应每隔两天浇一次"返青"水,以期保证草坪场地的湿润度。

(四)木质场地的管理与维护

木质场地的总体硬度偏软,因此,在进入这种场地时必须穿专业运动训练鞋,或是鞋底较软的鞋,严禁穿皮鞋、高跟鞋和带钉鞋入内;场地内禁止吸烟和泼水,有水洒在场地内要及时用墩布擦干,防止人员滑倒;禁止在场内拖拉重器械;场内固定器材未经允许不得随意移动。

木质场地的维修与保养要注意以下几个方面:

1.涂地板蜡

涂地板蜡能够保持地板不干、不裂、不变质。但是,涂蜡会导致地板表面太光滑,容易导致运动员发生运动损伤。因此,打蜡应视各个场馆的实际情况进行。

涂地板蜡的具体步骤和流程如下：

（1）擦洗环节：用碱水或洗衣粉溶液擦洗，擦洗后用清水冲干净，晾干即可。

（2）上色环节：以地板的底色作为基础确定地板上色的颜色。也可以根据需求进行多种颜色的调配，但一般不将地板颜色调配得过于鲜艳，图案过多。

（3）涂地板蜡环节：地板蜡的作用在于保护地板材质状态，防水以及保湿。具体做法为先将蜡装入用豆包布缝制的小袋内，然后从场地某点开始由前向后，均匀涂蜡。涂蜡后3～4小时可以开始蜡机抛光作业。

2.涂地板油

地板油具有使地板不干燥、不变质和防腐等功能。地板油的涂抹周期不宜太长，通常每周1～2次即可。如在我国北方地区，有些季节气候格外干燥，则可以适时增加涂擦次数。具体的涂擦方法为直接将地板油洒在干净的线墩布上，用墩布拖擦地板即可，地板油干燥的时间较短，晾干后即可使用。

3.涂防滑油

木质地板在使用一定时间后其表面就会逐渐光滑，不利于一些运动的开展，并且容易造成运动损伤。因此，为了保持木质地板表面有足够的摩擦力，就需要定期给地板涂抹防滑油。具体做法为先将地板擦拭干净，去除表面尘埃，然后将防滑油直接洒在线墩布上，然后用墩布拖擦地面。

4.海绵垫（包）、地毯覆盖的地面

木质地板场地上有可能会长期放置一些如海绵垫（包）、地毯等覆盖物。对这些覆盖物覆盖的地方也不能忽视对其地面的维护，常用方法为每季度翻晾、通风一次，以防水气侵蚀地板和器材。更好的方法为使用橡胶垫铺在地板上,再放置覆盖物,但即便如此也应定期翻晾和通风。

(五)游泳池(馆)的管理与维护

1. 游泳池水质要求

游泳池的水质必须符合国家相关要求。简单来说其水质应该与饮用水级别一致。另外,泳池内的水温也有规定,举办正规游泳比赛的水池还对水温有严格规定,通常水温在26℃左右。

2. 游泳池水质保护

更换泳池中的水是保证水的质量处于良好标准的有效措施,国家对此也有明确的标准。换水次数太少会导致水质状况不佳,而频繁换水又是对水资源的一种浪费。水质正常的话,通常一年中换水一至两次即可。也对泳池中的定期水进行定期水质化验,频率为每周两次,若化验结果显示水质严重不符合标准,或是发现水中出现致病细菌,则需要立即更换新水,并且进一步增加对池水检测的频率,确保泳池水质符合标准并且安全。为此,还可以给水中适量加入混凝剂、消毒剂、中和剂等化学品,以保证池水符合水质规定要求。

3. 游泳池的维护

随着使用时间的延长,游泳池内难免会出现一些杂物。对于这些杂物的清理要及时,以免日积月累使杂物堵住排水口。除了泳池内部外,泳池外的地面也要保持清洁,如果泳池在室外环境中,则应及时清理岸边的青苔和其他杂物(如树叶、毛巾、废纸等)。每天应打扫1~2次,并用水清洗。

游泳馆(池)的配套设施也要做好清洁工作,如更衣室、通道和池边走道。对这些区域要每天打扫、擦洗和消毒。

游泳池停止开放后,北方地区应晾池保养。大约在10月中旬用稻草帘铺盖池面、池壁和池底,以防冬季冻裂池子;在南方地区可以采用不完全放水,以水温保护池子的方法进行保养。

游泳池停用后,将淋浴室和厕所等处的喷头和把手以及饮水器之类拆下来,妥善保存,以免腐蚀。此外,要把过滤罐中的滤料倒出来晾晒和过滤,排除杂物。然后用水冲洗滤罐,滤料冲洗晾干后,再一层层装好,以便再用。

第四节 体育教学财力资源的管理

一、体育教学经费的预算

一般学校对于体育教学或相关活动的经费预算是按年度来统计的。其依据主要包括以下几个方面:
(1)国家和学校规定的有关财政法规制度。
(2)学校经费预算的制度。
(3)学校经费预算的具体内容及预算要求。
(4)上年度学校经费收支实际情况和决算财务分析。
(5)本年度学校体育教学与相关活动所需经费预估。
(6)本年度学校体育各项经营服务行为创收经费预估。
(7)熟悉预算科目和预算表格。

在对学校体育教育经费进行管理时,管理人员应当本着勤俭节约的原则进行预估,严格执行国家和学校制订的财务制度与经费使用办法。

二、体育教学器材经费的管理

体育器材根据其形状大小和使用方式可以被分为大型器材、小型器材、固定器材和消耗类器材。其中,大型体育器材的使用周期通常较长,所以,更新换代并不频繁,而小型的消耗类器材则需要注意根据消耗程度随时补充。具体来看,体育教学器材经费管理的具体内容如下:

(一)采购器材预算

为了满足学校体育教学与相关活动对体育器材的需要,学校每学期或学年都会定期采购体育器材。因此,对体育器材的采购预算就是开展正式采购工作前的预备工作。预算的多少基本取决于近些年来每年采购费用的均值、第二年增减项目的器材费用、体育教师工作服、机动费用等。

(1)就一般年份来说,在没有特殊体育活动的情况下,每年体育器材的消耗费用较为稳定。就运动项目所消耗的器材来说,篮、排、足、羽等运动项目的器材消耗较大,成为每年采购预算的重点预估项目。

(2)第二年增减项目器材费用一般是应对改革需要和特殊情况处理对器材购置作调整而准备的。

(3)相关教育部门规定体育教师拥有每年获得一套运动服装的权利。因此,这部分服装费用也是需要固定在预估项目之中的。当然与购置体育器材相比,这部分费用的数额并不算大。另外,这部分经费的使用方法也较为灵活,如体育教师可以自行根据喜好购买运动服装,然后学校报销合理的费用即可。

(4)在预算中留出相应比例的机动费用。机动费用预留的目的在于满足应急之需。

(二)采购行为规范

在预算制订完毕之后,就要开始着手器材的采购工作了。在采购中管理人员要本着勤俭节约的原则进行,特别是学期前的采购要格外注意适当吃紧预算,与供应商在价格上多多商议,力争获得一个满意的价格。由于经办人是自然人,所以,在选择办事人员时要注意选择那些品行端正的人员,以杜绝采购过程中的非正当谋利行为,并且尽量买到物美价廉的产品,增加采购的透明度,使整个采购行为更加规范、合理。

(三)减耗增效

体育器材基本均为消耗品,使用过程中产生或快或慢的损耗都非常正常。为此,除了保证定期购买补充外,还应特别关注对器材的保养与维护,只有这样才能从根本上节省采购开支预算,将体育器材的作用发挥到最大。除此之外,还应在教学进行中加强对器材的管理,落实器材管理制度中的各项条款,规范使用器材,完善借还机制,管理责任到人,最终达到减少体育教学器材开支的目的。

三、体育活动经费的管理

体育活动是学校体育教育的重要组成部分。而这项活动的举办也是体育经费消耗的主体内容之一。为了保障学生参与质量更高、更为丰富的体育活动,对体育活动的经费进行管理就显得尤为重要。

学校常见体育活动的经费支出主要如下:

(一)校内各项竞赛

学校中组织众多的体育竞赛是丰富体育活动的重要方式。对于体育竞赛的开展来说,其所需的费用通常为组织编排费、裁判劳务费、器材消耗以及奖品等。因此,在对这些经费进行管理时要将每一个项目都研究到位,制订细致,结合当年学校体育工作总预算来制订竞赛预算。

(1)组织编排费是参与竞赛组织的教师在组织赛事过程的前、中、后期对一切赛事活动正常开展所付出劳动的报酬。

(2)体育竞赛中一定不能缺少裁判员的存在,因此裁判的劳务费也是预算的内容之一。通常,学校体育竞赛的裁判为本校体育教师,对本校体育教师的劳务费支付可以采用折算成课时的方式给付。如果是外请的具有一定资质的裁判则应根据市场情况直接给付酬劳。如果是学生参与了裁判工作,则主要是给予荣誉奖励。

(3)校内各项竞赛的器材添置方面的预算在年度体育器材预算中就应该有过相应规划。但竞赛中往往还是需要购置一些专为竞赛准备的器材,这些器材可使用机动费用支付。

(4)学校体育竞赛奖品主要是颁发给学生的,以对他们在比赛中取得的优异成绩表示鼓励。因此就要本着荣誉为主、经济为辅的原则进行。集体荣誉为先,个人荣誉在后。

(二)学生体育协会活动

学校体育协会活动是现代学校多元化体育活动的组成部分。该类活动是一种通过学校的扶持、体育教师的指导、学生的积极参与进行的学生业余体育活动。学生要想参加一般性的学校体育协会活动,需象征性地缴纳一定的会费,然后便可以在教师指导下参与自己感兴趣的体育活动。因此,学校体育协会的主要资金来源为学生的会费。

举办体育协会活动的主要开支有下列几种:

(1)添置器材费。通常学生体育协会组织的活动的所需器材为学校已有的器材,但也有一些体育协会的活动所需的器材是学校不具备的,如散打、台球等项目。所以,面对特殊的运动项目,就需要根据情况适当购买器材。

(2)教师指导费。体育协会中的指导者通常为具有专项特长的体育教师,而聘请体育教师指导学生就需要支付给教师一定的报酬。因此,必须要对指导教师设置专门的酬劳。

(3)外出比赛费用。学校体育协会的活动中有一个重要组成部分,那就是比赛。这种比赛除了协会内部的比赛外,还可能会走出学校,与他校同类型协会进行对抗赛或友谊赛。那么,外出比赛就需要支付交通费、餐费、队服等费用。

(4)内部比赛费用。学校体育协会内部举办比赛是最为常见的活动内容。开展这些比赛活动,也会适当提供奖品,这是内部比赛所需费用的主体。

四、体育教学科研经费的管理

体育教学也是处于变化发展之中的事物。为了紧随体育教学发展的形势,对现有学校体育课程教学进行改革是非常必要的。为此,就需要有充足的体育教学科研经费来保障研究工作的正常进行。这个项目的经费主要包括以下几种:

(一)外出考察观摩学习费用

学校体育教学的发展如果只是闭门造车显然是不行的。为了教学发展,除了在校内开展理论和实践研究外,还应该组织校内体育教学的骨干群体外出考察与观摩。观摩的对象可以是当地、全国乃至国外优秀体育教学典范学校,在考察后力求找出适合本校体育教学改革的方案,从而改进本校的体育课程教学。因此,每年的体育经费预算中就需要列入外出考察的费用。

(二)参加体育科研研讨会费用

一些体育教师在开展日常教学工作的同时,还要进行一些体育科研工作。科研到一定程度后就会撰写论文,甚至还会被邀请参加各级体育科研论文报告会。参加这些研讨会的费用也包含在体育教学科研经费中。

(三)邀请有关专家作科研成果鉴定费用

在体育教学科研项目中,为了鉴定科研成果,还会邀请该领域的高级专家来访评估,共同交流研究成果。为此也需要为专家支出费用,以及来访必要的接待花费。

第八章 素质教育改革下学校体育教学创新体系的建设研究

素质教育改革是我国实现人才强国战略、建设创新型国家的客观需要,是全面贯彻党的教育方针、提高教育质量和办学效益的需要。素质教育面向全体学生,旨在培养学生的创新精神与创新能力,促进学生全面发展。在素质教育理念的指导下,学校体育教学必须加快改革步伐,积极创新,尤其是要加强体育教学方法与模式的创新,从而优化体育教学效果,充分发挥学校体育教学在培养全面发展人才方面的重要作用。本章主要就素质教育改革下学校体育教学创新体系的建设展开研究,重点研究体育教学创新的几种方法,包括信息化教学、微格教学以及微课教学。

第一节 体育信息化教学

一、信息化教学概述

(一)信息化教学的概念

信息化教学指的是,在素质理念的影响下,将包括网络技术、计算机及多媒体技术、卫星通信技术等在内的现代信息技术充分利用起来,将多种教学媒体和信息资源整合,对良好的教学环境进行创设,由教师组织和引导学生积极发挥自身的主观能动性,使学生真正成为知识和信息的主动建构者,从而提高教学效果的教学活动。[①]

(二)信息化教学的要素

传统教学中有著名的教学系统"三要素"说,即一般认为教师、学生、教学内容是组成教学系统的三个主要因素,如图 8-1 所示。

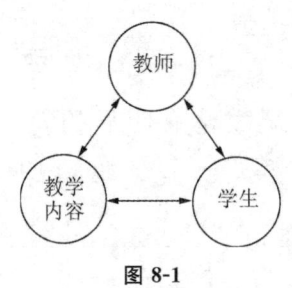

图 8-1

随着信息技术的迅猛发展和素质教育改革的不断深入,信息媒体及高科技在现代学校体育教学中的应用越来越普遍,发挥的作用越来越重要,这就在一定程度上改变了传统体育教学中教学内容的传递方式和表达形式,同时也改变了传统教学方式。随着媒体因素在现代教学中地位的不断提升,其日渐成为信息化教学系统中的一个重要组成部分。

因此,在信息化教学中,教学系统的构成从传统的"三要素"发展为现在的"四要素",即在原来教师、学生、教学内容三要素的基础上新增媒体要素。

现代信息化教学系统中的这四个核心要素在信息化教学实践中相互作用,相辅相成,缺一不可,其相互关系如图 8-2 所示。

---

① 景亚琴.信息化教学[M].北京:国防工业出版社,2014.

图 8-2

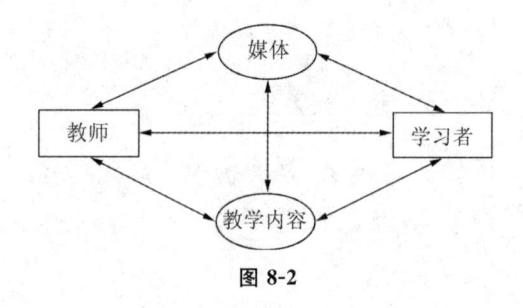

(三)信息化教学与传统教学的差异

信息化教学与传统教学有明显的差异,下面主要从教学资源、教学手段以及教学模式三个方面来说明。

1.教学资源的差异性

信息化教学与传统教学在教学资源方面的差异见表 8-1。

表 8-1 传统教学资源与信息化教学资源的区别

项目 / 教学资源	传统教学资源	信息化教学资源
教学环境	以教室为主,以课堂教学为主要教学形式	以信息技术的应用为特征,多样化的教学环境和教学形式
教学材料	教科书、教学器具、课件等	数字化素材、教学软件、补充材料等
支持系统	教师和同伴对学生提供指导与帮助	现代媒体和工具对教学过程的参与,丰富的网络信息资源对教学内容的补充

2.教学手段的差异性

信息化教学与传统教学在教学手段方面的差异见表 8-2。

第八章　素质教育改革下学校体育教学创新体系的建设研究

表 8-2　传统教学手段与信息化教学手段的区别

项目＼教学手段	传统教学手段	信息化教学手段
媒体特征	传统媒体	多媒体
信息传递	单向	双向、多向
讲授方式	灌输式	交互式
表现形式	单一	多样

3.教学模式的差异性

信息化教学与传统教学在教学模式方面的差异见表 8-3。

表 8-3　传统教学模式和信息化教学模式的区别

项目＼教学模式	传统教学模式	信息化教学模式
媒体的作用	教师传授知识的工具	教师教学的工具、学生学习的工具以及"教""学"互动的工具
教学内容的来源	课本、教材	课本、教材、网络信息资源
教师地位	知识灌输者	学生学习的指导者
学生地位	被动接受教师传授的知识	主动构建自己所需的知识

二、体育信息化教学设计

(一)体育信息化教学设计的概念

体育教师运用系统方法,将现代信息技术和信息资源充分整合利用,以学为中心,对体育教学过程的各环节、要素统筹合理安排,以促进体育教学效果优化与改善的过程就是体育信息化教学设计。

(二)体育信息化教学设计的基本特点

体育信息化教学设计的特点是相对于传统体育教学设计而言的,二者对比更能反映出体育信息化教学的独特性,具体见表8-4。

表8-4 传统体育教学与信息化体育教学的特征比较

对比项目	传统体育教学	信息化体育教学
分组方式	同质分组	异质分组
教学策略	教师主导	学生自主探索
讲授方式	灌输式讲授	互动指导
教师角色	知识施与者	学生学习的帮促者
学习内容	单学科的独立模块	多学科延伸模块
评估方式	单一的结果性评估	基于绩效的多元化评估
作业方式	个体作业	小组协同作业

通过对比,我们可以将信息化体育教学设计的特征归纳为以下几点:

(1)在建构主义学习理论的指导下展开教学,但对行为主义的观点不完全否定。

(2)以体育教学过程设计为核心,对创设良好的学习环境、整合利用学习资源非常重视。

(3)以教学单元为教学周期单位,以教学单元内容为依据对课时进行安排确定,而不是以完成课时工作量为目标去对教学内容进行机械性的安排。

(4)强调综合性教学内容的安排。

(5)积极采用探究性学习、合作学习等多元化的新型教学模式。

(6)体育教学评价并不是终结性考试,评价方式多元化,注重过程评价。

(三)体育信息化教学设计的内容

体育信息化教学设计的内容如下:

(1)分析学生特征,以便对教学起点加以确定以及更好地落实因材施教。

(2)分析体育教学目标,以便将体育教学内容、知识点顺序确定下来。

(3)体育教学过程与结构的设计。

(4)体育教学模式、体育教学策略的选择和设计。

(5)体育教学情境、学生学习任务的设计。

(6)体育教学媒体、资源的选择和设计。

(7)体育教学评价的设计。

(8)体育教学管理的设计。

(四)体育信息化教学设计的基本模式

下面主要分析学习信息化教学设计的基本模式,该模式的结构如图 8-3 所示。

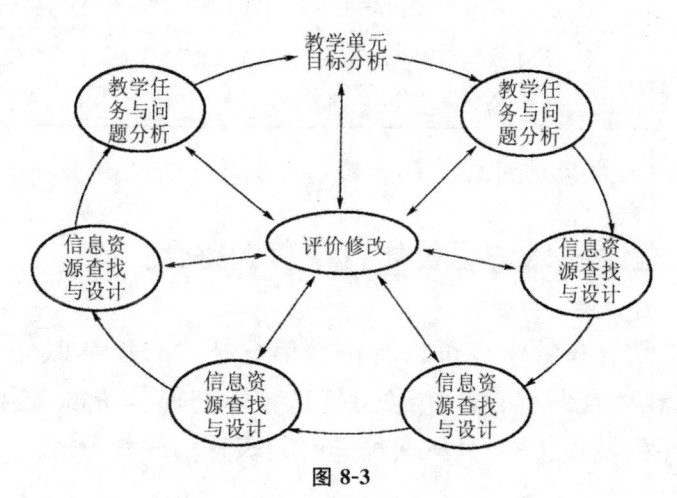

图 8-3

在上图所示的模式中,体育信息化教学设计过程被分为 8 个具体的环节,详见表 8-5。

表 8-5　体育信息化教学设计模式的构建步骤

步骤	任务/目标
分析单元教学目标	确定学生通过此教学应该达到什么水平、掌握什么方法或获得什么能力
任务/问题设计	以单元教学目标为依据对教学任务、学习任务和相关问题进行针对性设计
信息资源查找/设计	以教学任务、学生的学习能力为依据对资源的提供方式加以确定,可以给学生提供现成的资源,也可要求学生自己查找资源(依学习目标查找),教师提供帮助与指导
教学过程设计	对整个教学过程进行梳理,使之更规范、有序,编写信息化教案
学生作品范例设计	在教学过程中,如果要求学生以完成电子作品的方式进行学习,教师应事先给学生提供相关范例,使学生获得感性认识和直观体验,明确学习任务
评价量规设计	运用结构化的评价工具——量规评价信息化学习(特别是电子作品)。量规的设计应保证科学,这样评价工作才更容易开展
单元实施方案设计	具体实施方案设计,内容包括实施时间表、分组方法、上机时间分配、实施过程中可能用到的硬件问题和软件问题等
评价/修改	在教学设计中,评价修改工作可随时开展,在整个设计过程中会有很多次的评价修改

三、信息技术与学校体育课程的整合

体育信息化教学也可以看作是信息技术与体育课程相整合的教学,在体育课程教学中采用信息技术与媒体资源,逐渐形成了新的课程模式,下面分析两种具有代表性的课程形式。

（一）研究型体育课程

研究型体育课程与科学研究的方式类似。在这一整合模式下，学生积极投入学习与研究，将信息技术利用起来对多渠道收集而来的资源进行分析、归纳、整理，从中提炼关键信息，同时，将各种信息工具利用起来对科研过程加以体验，致力于对理论体系的科学构建中，以有效指导实践。

研究型课程中的整合任务是课后的延伸，是对传统体育教学中单一学习框架的超越，即以学生认知水平的个体差异为依据，以主题活动的形式将社会生活中容易吸引学生注意力的问题呈现出来，让学生在研究中完成学习任务，实现学习目标。

在研究型课程中，学生的主体性和参与性更突出，教学的过程性非常受重视。在整个研究过程中，学生对研究方案、实施方案都是自主设计的，直至最后自主完成任务，教师的作用集中体现在指导学生选题、收集分析资料。看起来只是提供了一般性指导，但这不可或缺，直接影响学生的自主学习成果。

在组织研究型学习的整个过程中，关键在于如何确定研究主题，这是在对学生的认知能力、年龄特点等基本情况加以深入了解与综合考虑的基础上循序渐进完成的。

（二）信息技术课程

开展体育信息技术课程主要是为了正确使用信息技术，从而发挥信息技术在提高体育教学效率与效果方面的重要作用。开设信息技术课程能够对学生利用信息技术以解决实际学习问题的能力进行培养。在课程整合理念下，形成了操作流程不同的信息技术课程模式，常见的模式如下：

1.任务驱动—协作学习型

（1）体育教师依据教学重难点灵活设计教学目标和任务，切记所设计的教学目标与任务是融合了信息技术的目标与任务。

任务系统呈梯状,由易到难,层次分明。

(2)教师向学生明确学习任务,学生对自己的合作伙伴自主选择,选好后基于协作模式展开学习、探究。小组成员要懂得互相分享资源,要积极进行交流,从而提高学习效率。

(3)教师进行总结性评价。将考查学生对信息技术的应用能力作为评价重点。

2.带疑探究—讲授示范—动手操作型

(1)教师基于课程教学目标向学生提出能够激发学生自主思考或具有探究性的问题,鼓励和引导学生自主探究,帮助学生整合与利用已有信息技术资源,寻求有效的方法来解决问题。

(2)教师将问题分解为若干信息技术学科知识点一一传授给学生,然后做正确的示范操作。

(3)学生领会教师讲解与示范的要点后,独立操作,从而自主掌握知识和技能。

(4)开展学习评价,如教师评价学生,学生互评。

第二节 微格教学在体育教学中的应用

一、微格教学概述

(一)微格教学的概念

微格教学产生于 20 世纪 60 年代,世界大多数国家对此进行科学的实验研究后给予广泛认可。关于微格教学的概念,不同学者提出了不同的观点。综合各种解释,这里将其定义为在教育理论指导下,将科学方法论和现代教育技术充分利用起来,培训师范生和在职教师掌握教学技能、提高教学水平的系统的教学活动。①

微格教学是在一定条件下对一节复杂的课堂教学进行简单化、细分化处理,分成若干小型教学,进而促进教学技能改进、教学能力提高和教学目标达成。微格教学目标主要有以下两点:

(1)使教师掌握一定教学技能。

(2)教师通过运用技能实现课堂教学目标。

(二)微格教学的功能

1. 针对性强,有助于训练与提高单项教学技能

在不断提高单项教学技能的基础上,微格教学促进了整体教学技能的提高。微格教学在训练与提高单项教学技能方面比其他训练形式更有优势,每一次微格教学都是针对1~2项教学技能而进行的集中性训练,有明确的训练目标和训练计划,针对性非常强。在训练过程中放大特定教学技能细节是这种针对性的主要体现。练习者通过重放录像,反复观察自己的训练情况,从而对自己的教学行为有详细的了解,进而进行细致的分析,专门进行改进,在反复训练中掌握与提高基本教学技能。

2. 参与性强,有利于练习者主体性的充分发挥

相对来说,微格教学的学习规模比较小,且对教师、学生等不同角色进行了设置,这样学生参与实践的机会就增加了。微格教学过程中,任何练习者都有担任教师角色的机会,获得该角色后,登台讲课,将自己的教学技能展示出来;练习者扮演学生角色的机会也有很多,可以站在学生的角度上对如何运用教学技能加以领会;练习者还有机会担任评价者,从而在教学效果评价中发挥自己的作用。因此,在微格教学中,练习者在学习活动中的主体

---

① 施小菊.体育微格教学[M].厦门:厦门大学出版社,2013.

性能够得到充分发挥,练习者参与学习的积极主动性能够被充分调动起来,并在主动学习中积极思考、深入体验,这有利于对其自我意识、竞争意识和创新意识进行培养,进一步拓展与强化其主动性。

3. 实践性强,对教师培训工作的发展具有促进作用

微格教学是在对真实教学场景的模拟中实施的,理论联系实践的桥梁由此而搭建,真实课堂场景在某种程度上逼真再现,实践性非常强。在传统的教师培训中,改进教学主要采用"试讲"这一基本方式,但结果并没有明显提高实际的教学技能。随着素质教育改革的不断深入,基本教学技能作为构成教师教育教学能力的基础要素,越来越受到重视。在这一背景下,微格教学被引入教师培训中,并受到了关注与重视。在新课改和教师培训工作中,微格教学所发挥的作用不容忽视。教师培训模式因引入微格教学而实现了从传统、陈旧到创新、现代化的转变,利用分技能训练带动整体技能训练,以促进教学能力的整体提高。微格教学对教师的专业化发展和教育教学能力的提升起到了积极的促进作用,在教师培训中,微格教学指明了培训方向,并将真实有效的素材提供给教师,供教师反思和进行教学分析。

二、体育微格教学设计与教案编写

(一)教学设计

微格教学的教学设计是以课堂教学目标、教学技能训练目标为依据,采用系统方法对教学问题和需要进行分析,对专门解决教学问题的教学策略微观方案、试行解决方案加以确定,并不断修改与完善方案、评价试行结果的过程。教学设计的目的是促进教学效果的优化和提高教学技能的培训成果,教学设计的理论基础包括教学理论、学习理论、传播理论等。

和一般的课堂教学设计相比,微格教学的教学设计具有一定的独特性。前者以一个完整的单元课作为设计对象,导入、讲解、练习、总结评价等教学阶段构成了整个教学过程。而后者一般较为简短,以一节课的一部分作为教学内容,以便于专门训练某种教学技能。所以,在微格教学的教学设计中,不能像前者那样主要从宏观出发来分析结构要素,而是要将一个事实、原理或方法等作为一套过程来进行具体设计。因此,在微格教学中,使被培训者掌握教学技能、通过运用技能实现课堂教学目标是两个非常重要的目标。教学目标的实现离不开教学技能这一重要方法和措施,而课堂教学目标的实现程度可检验教学技能的掌握与运用情况,这两个目标密切联系、相互依存。因此,微格教学的教学设计既要遵循一般课堂教学设计的普遍原理,又要体现微格教学的教学技能训练特点。

(二)教学教案编写

在微格教学中,编写教案是教师的一项重要任务。编写教案的过程也是为正式开展教学工作做准备的过程,教案的编写要以教学理论、教学手段、教学技能、学生实际等为依据。教师要在微格教学设计的基础上编写微格教学教案,发挥"设计"的指导作用。

1.微格教学教案的编写要求与主要内容

(1)确定教学目标

针对片断教学内容而确定教学目标的方法和确定整堂课教学目标的方法相同,只是教学对象不同,应立足于本片断而确定教学目标。

(2)确定技能目标

技能目标就是教师课堂教学技能的训练目标,对于不同的学员要提出不同的训练要求。

(3)教师教学行为

要求教师在编写教案时,将教学过程中可能涉及的下列内容一一罗列出来。

①主要教学行为。

②要讲的内容。

③要提的问题。

④要举的实例。

⑤要做的演示或实验。

⑥师生的活动。

⑦课堂练习题等。

(4)预测学生行为

在微格教学的教学设计中,要科学预测学生的行为(观察、回答、活动等行为),尽可能将其体现在教案之中,这是教师引导学生学习的认知策略的重要体现。

(5)标明教学技能

在教案中需标明在教学过程中什么教学内容应该采用哪种教学技能。有的内容需要用到多种教学技能时,要重点说明针对性最强的主要技能。

微格教学教案编写中最显著的特点就是要将教学技能标明,它要求受训者正确感知、识别和应用教学技能,这是微格教学的宗旨——"以培训教学技能为中心"的重要体现。有人认为,对教学技能进行适当组合就是所谓的课堂设计,这是错误的观念。在课堂设计中要以教学目标为依据,与教学实践相结合对各种技能的取舍及运用加以确定,这对提高教师的教学能力尤为重要。

(6)分配教学时间

在教案中预先注明每个知识点预计需要花费的时间,以便对教学进程和教学行为进行有效控制。

(7)准备教学媒体

教具、录音、幻灯、标本、图表、实物等教学媒体在微格教学中会用到,应在教案中注明这些媒体工具的运用顺序,具体以教学流程为依据。

2.微格教学教案设计案例

编写微格教学的教案,可采用各种格式,但不管哪种格式,都应包括下列基本项目:

(1)教学目标。
(2)教师的教学行为。
(3)学生的学习行为。
(4)相应的教学技能。
(5)时间分配。
(6)所需教具、器材、媒体等。

微格教学教案设计表见表8-6。

表8-6　微格教学教案设计表

日期:　　　　　　　　　　年级:
执教者:　　　　　　　　　指导老师:

教学课题				
教学目标	1. 2. 3.			
技能目标	1. 2. 3.			
时间分配	教师行为	教学技能	学生行为	所用教具仪器和媒体等

三、体育微格教学的组织与实施程序

(一)观察分析阶段

这一阶段主要是让受训者对微格教学中要"做什么"和"怎

做"的问题有所明确,使受训者将基本流程和基本理论知识掌握好,并将其运用到实践中,采取相应的活动方式达到一定的目的。分析要以观察为基础,主要对体育教学大纲、体育教材、体育教学目标、体育教学内容、学情进行分析,进而将体育教学技能训练目标明确下来。

观察时,以所要训练的某一项或几项技能为依据,从不同角度出发示范不同水平的片段,组织受训者观看,使其通过直观感觉形成基本的感性认识。课堂教学片段是示范片段的主要来源,本校教师的示范或同级学生相互间的示范;正面的示范或反面的示范均可,都是以某一教学片段为主要内容。观察后分析所观察的内容:

(1)对所要训练的体育教学技能进行全面了解,即结合观察全面了解该技能的概念、特征、分类、结构、应用原则和实施要点等,建立基本知识构架,对"做什么"的问题有所明确。

(2)通过讲解将技能训练的目的、要求明确下来,使受训者掌握相应知识,储备基本的教学理论知识,对角色的性质与特点不断熟悉,进而对"怎么做"的问题加以明确。

(二)模拟训练阶段

在微格教学过程中,模拟训练是主体部分,首先让练习者在第一阶段观察的基础上备课、设计教案,然后在头脑中预演教学技能训练。针对一个时间为5~15分钟的教学片段做好备课,对教师的教学行为、学生的学习行为、对应的教学技能作详细说明,形成教案。

编写教案后,练习者演练,主要包括三个部分,分别是组成微型课堂、角色扮演和明确记录。

1.组成微型课堂

以小组为单位进行训练,教师角色、学生角色、教学评价人员、媒体工具操作人员共同组成课堂。

2.角色扮演

受训者在一节课中集中训练一两种教学技能,时间以 10~15 分钟为宜。上课前,向受训者做关于本节课所要训练的技能的简短说明,以便其理解教学内容,明确训练目标,这对教学设计的开展也有重要意义。

3.明确记录

通常用录像的方法记录教学行为,以便及时进行准确反馈。教学条件决定了是否要采用录像来记录,也可根据具体需要采用其他记录方式,如文字记录等。

(三)讨论评价阶段

该阶段主要是信息的反馈与评价部分,应及时向培训者反馈,目的是客观分析、评判练习者的教学行为,对其优势与缺陷进行讨论,针对性地提出有效的改进策略。通过这一阶段,受训者根据自己的问题对教案进行修改与完善,这就形成了微格教学的再循环。

评价的方式主要有以下两种:

(1)自评。训练结束后,练习者观看录像,分析与评价自己的行为,检查预期目标是否实现、所培训的教学技能是否掌握。

(2)他评。微格教学中的教师角色、学生角色、指导教师、评价人员等共同观看录像,集中评价,检查受训者的培训目标是否完成。

评价中,有时会进行定量评价,有时会进行定性评价,但两者结合以及自评与他评结合是最好的选择。

评价与讨论是密不可分的,一般由指导教师来指导讨论环节的工作,采用集体讨论的方式,共同评价训练效果,如训练方法是否得到恰当运用,训练原则是否得到贯彻,训练目的是否实现等,并以讨论结果为依据改进设计方案。

（四）整合训练阶段

整合训练阶段是微格教学的最后一个阶段，也称为"综合阶段"。虽然每次微格教学训练针对的都是单项教学技能，但微格教学的整体目的是实现教学技能的良好衔接和正迁移，整体上促进教学技能水平的提高。因此，在微格教学中应将单项训练与整合训练的关系处理好，在单项技能训练结束后，开展大约15分钟左右的小型课训练，要求将各个技能的掌握情况充分反映出来，指导教师科学评价训练的效果和技能运用的效果。

四、微格教学中体育教学技能训练案例

下面主要分析问题导引技能训练案例。

（一）案例陈述

在中长跑授课中，问题导入技能训练安排见表8-7。

表 8-7　问题导引技能训练案例

训练技能：导入技能　　　　　　　　授课内容：中长跑
主讲者：×××　　　　　　　　　　日期：×××

教学目标	认识中长跑运动的健身价值；激发学生学习中长跑的兴趣，培养积极学习的动机		
技能训练目标	对导入的基本结构加以掌握；对不同的导入方式灵活运用；促进教学导入技巧的提高；实现教学目标		
00′	同学们好，我问大家一个问题，请大家认真思考，找出答案	引起注意	吸引学生对教学内容的注意力，为成功教学奠定基础	×××××× ×××× ○

第八章 素质教育改革下学校体育教学创新体系的建设研究

续表

时间分配	教师教学行为	应用技能和要素	目的	组织教法
03′	全世界导致人们非正常死亡最多的原因是什么?交通事故……	设疑导入,激发兴趣	启发学生思考,使学生进入良好的学习状态	同上
03′	是心血管疾病	正反馈	做出肯定反映	同上
05′	在所有因疾病死亡人数中,因心血管疾病死亡的人数占1/3。所以它被称为生命的"头号杀手"	陈述式讲解,进一步吸引学生的注意	进一步说明学生的回答,使学生充分认识心血管疾病对人体健康的危害	同上
06′	这个"头号杀手"真的令人束手无策吗?用什么办法可以应对	开放式提问,引导学生主动思考	使学生的情感注意迅速向教学目的所需要的境地转移	同上
09′	预防心血管疾病的首选方法是运动,人在运动中,体内的多余热量会消耗,这样心血管系统的功能、人的精神状态、情绪都会得到积极的调节与有效的改善,还能形成良好的生活习惯	明确目标,陈述式讲解	使学生充分认识到运动是预防心血管疾病的积极措施,为顺利开展教学活动创造良好的心理定势	同上
10′	今天我们讲预防心血管疾病的一项有氧运动——"中长跑",希望大家认真听讲,完成学习任务,懂得珍惜生命	进入课题	引出教学内容,明确指出上课要求	同上

(二)案例分析

1. 分析问题

从体育教学流程来看,上述案例有以下几点不足之处:
(1)导入时间太长,与体育教学时间安排不符

体育课堂教学结构一般分为四个部分,分别是开始部分、准备部分、基本部分和结束部分,相对应的时间分别为 3 分钟、8 分钟、28 分钟、6 分钟(以一节课 45 分钟为例)。从体育课堂教学的时间分布来看,第一和第二部分的时间有限,开始的导入部分一般不超过 3 分钟,而本次课中用了 10 分钟的时间来导入,直接影响了基本部分的授课。

(2)导入形式单一

体育课程教学对实际教学体验更重视,所以导入教学内容时,在语言刺激的基础上应将动作行为和情境刺激融入其中。

(3)导入内容不够创新

只以心血管疾病为主体而导入,显得有些单调,创新不足。

2. 改进对策

(1)明确时间

按照体育课教学的正常流程对导入时间进行确定,理论与实际充分结合,全面训练,提高训练效果。在实际操作时,合理安排导入环节的时间,具体可根据这一环节的重要程度来安排,但不宜过长,以免影响后面的教学。

(2)丰富导入形式

将实际教学体验和示范重视起来,将语言刺激、直观示范和情境刺激结合起来,避免采用单一的导入形式。

(3)创新导入内容

体育课程教学更突出运动,在运动中达到目标,这是体育教学与其他学科的一个主要区别。在导入环节也应强调运动,与运

动相结合,加强导入内容的创新,调动学生运动的兴趣。例如,本案例中以所选教材内容为依据,选择相关素材,利用丰富新颖的网络资源来激发学生的学习兴趣。

第三节 微课教学在体育教学中的应用

一、微课教学概述

(一)微课教学的概念

微课教学指的是教师将微课的资源整合到日常课堂中,以学生的学习特点和学习进度为依据,将微课资源与普通课堂结合起来实施教学的过程。

(二)微课教学的功能

微课教学的功能主要体现在以下几方面:

1. 集中、强化教学技能

微课教学提取了课堂教学的一个片段,该课堂片段是关于师生共同参与完成教学的实录,旨在对某一知识点或某一技术的重点或者难点问题加以解决。在解决重难点问题时,教学目标必须明确,教学方法必须行之有效,练习方法要简单易行,总结评价要有针对性,同时还需对多种教学技能进行综合运用。因此,微课教学可以在短时间内将多种教学技能最大限度地集中展现出来,并能更细致、精简地进行各教学技能的训练,从而强化技能训练效果。

2. 内容易懂,精力专注

微课教学的内容明确具体,目标单一,易于积累和分享资源。另外,人的注意力集中时间较为有限,微课教学可以使练习者的专注度短时间内保持较高状态,集中精力完成学习与训练任务,同时还可以让观摩学习者深入体会每一个技能细节。

3. 突出自身优势，彰显个性特点

虽然微课教学时间短、内容少、但教学设计精巧，有很强的针对性。微课教学训练中，可将自身多方面的优势（如语言表达优势、动作示范优势、组织管理优势等）与教学内容设计相融合，突出自己的优势所在。在微课教学中，练习者的表演"欲望"强烈，更容易激发自己的个性特点，表现自己的教学特色。

二、体育微课教学的过程

体育微课教学过程可概括为课前准备、课中教学和课后反思三个步骤。

（一）课前准备

课前准备是对内容编制技能的体现，主要包括对体育教学内容的选取、对体育教学目标的确定、对相应体育教学策略的制订、对体育教学顺序的设计以及对场地器材等硬件设施的安排等。在体育教学内容的选取中，应做到主题突出，对一个问题集中进行说明。体育教学目标一定要明确，要有积极的指向作用，并以此为依据制订与选用教学策略。

（二）课中教学

微课教学要求结构完整，其中课中教学一般由以下几个部分构成：

1. 导入

微课教学时间较短，在课程设计中，要采用创新的方式迅速切入课题，为后面的重难点讲授留出更多的时间。

2. 教与学

教与学是微课教学的主体部分，以解决某一技术问题为主线,要求讲解精而简,练习方法简单有效。注重对练习者的巧妙启发、积极引导,提高教学任务的完成效率与质量。

3.小结

在体育微课教学训练中,课堂小结必不可少,它是对内容要点的归纳,是对整堂课的总结。好的微课小结可以起到画龙点睛的作用,需要注意的是,微课小结不在于长,而在于精。

(三)课后反思

本质上而言,体育教学活动本身就具有反思的性质,课后反思能够促使体育教学技能水平的提高,在这一环节要将教学探究和解决问题作为基本立足点,对"教"和"学"进行全面反思,以检查目标的合理性和训练过程的有效性,从而改进教学方案。

三、体育微课教学的要求

(一)明确训练任务

微课教学的主要任务是提升某一项或某几项教学技能,训练时应严格贯彻体育教学技能训练的原则,以训练任务为中心将训练内容明确下来,从而不断激发与引导练习者的正确训练动机。

(二)合理编排内容

体育微课教学中,对教学内容的编排要满足少而精、科学合理等基本要求。科学合理的要求表现在以下两方面:
(1)教学内容本身的科学、合理。
(2)要体现教学内容在训练体育教学技能方面的功能价值。
总之,选择与编排微课教学内容,要做到选题简明、设计合理、科学正确、逻辑清晰。

(三)织织严谨,活动紧凑,器材摆放合理

虽然微课教学的时间短,但课堂结构必须是环环相扣、紧密

衔接的一个整体,因此,在体育微课教学训练中应做到以下几点:

(1)严密组织与安排各环节的活动。

(2)活动分组,简洁高效地完成队列队形的调动。

(3)安全、合理地摆放器材,为学生收取提供方便与安全保障。

(四)彰显个性教学技术

个性教学技术是好的微课教学的必备要素,其具体表现为教学模式新颖、有创意,在发挥学生创新能力等方面有突出体现。在体育教育技能训练中,应将先进的教育思想、个性的教学技术融入其中并充分体现出来。但注意要建立在熟练、高超的教学技能基础上来彰显个性教学技术。

四、体育微课教学课案例

(一)案例一:体能课

1.案例陈述

体育微课教学的体能课案例见表8-8,具体授课内容为核心力量训练。

表8-8 体能课之核心力量训练案例

执教教师		教学对象	
教学内容	核心力量训练的概念、内涵、作用、方法、应用		
教学重点	核心力量训练的概念、方法和应用	教学难点	核心力量的形成机制
方法手段	启发式教学法、问导式教学法,配合多媒体演示(图片、动画等)		

续表

执教教师		教学对象	
教材	普通高等教育"九五"国家重点教材——《体能训练理论与实践》,由王卫星主编,由高等教育出版社出版		
教学过程	1.课题导入:直接导入 2.主体教学 (1)核心区界定 (2)核心力量训练概念 (3)核心力量训练与传统腰腹肌训练的区别 (4)核心力量的形成机制 3.核心力量训练的作用 4.核心力量训练的方法(徒手和负重、稳定和非稳定等)、器材(半球型滚筒、小蹦床、平衡垫、悬吊器械、平衡板、瑞士球等) 5.核心力量训练应用(大众体育、竞技体育、康复医疗) 6.小结 7.习题 8.作业:结合自己喜爱的体育项目设计一组核心力量的训练方法		

2.案例解析

本案例以核心力量训练理论与应用为中心展开教学工作,合理安排教学重点和难点,教学过程相对完整,微课教学任务较为明确,与围绕某一知识点展开微课教学的要求基本相符。在教学方法选用方面有一定的创新,成功激发了学生的学习兴趣,巩固了学生对教学内容的记忆。这些都是本案例较为成功的表现,或者说是本案例的优点。除此之外,本案例还存在下面几个比较明显的问题:

(1)相对技术课教学来说,教学内容容量较多,理论性强,但微课教学时间较短,所以整个教学过程显得有些"仓促"。

(2)针对本节课的教学难点所安排的教学内容比较少,教学难点问题没有得到有效的解决。

(3)本案例没有交代清楚器材的摆放和使用问题。

3.改进对策

(1)微课教学要求明确教学目标,内容要精炼,所以要适当精简教学内容,重点针对某一教学内容展开教学。

(2)练习内容和教学时间要围绕教学重点、难点来安排。针对核心力量形成的机制这一教学难点适当增加练习内容,以便于更好地解决重难点问题。

(3)合理选择器材,明确器材的摆放位置和使用方法,即使是口头模拟也可以。

(二)案例二:技术课

1.案例陈述

体育微课教学的技术课案例见表8-9,具体授课内容为篮球单手投篮,微课时间共8分钟。

表8-9 技术课之篮球单手投篮教学案例

教师教学行为	学生学习行为
(1)导入:同学们好,今天我们学习单手投篮 (2)我们首先进行单手投球练习 讲解动作要求:用手指尖触球,掌心空出,然后翻手置于肩上,手肘弯曲、出手投球,在篮板或墙上练习 (3)提问:你觉得投篮的要点有哪些,哪个最重要? (4)解答:投篮要点有以下几个 ①指尖触球 ②手肘比球低 ③脚步灵活 ④出手跟随动作要连贯 ⑤不允许用辅助手 (5)总结:对学习情况进行总结,宣布下课	(1)集中注意力 (2)分组练习,单手投球30次 (3)根据自身体会回答问题 (4)体会投篮要点 (5)学生自主选择投球和投篮两种练习方式,然后分组练习,教师巡回指导

2. 案例解析

本案例紧扣微课教学的"微"字,内容安排简单,短小精悍;教学中严格贯彻了"任务驱动,问题导向,反馈互动"的微课教学原则,开篇直接导入课题,逐层推进教学过程,有鲜明的层次感;此外,执教者尊重学生的主体作用,引导学生主动思考;本案例营造了体验探究式的浓郁学习氛围,师生之间形成了良好的互动关系;练习的设置简单有效;最后对单手投篮要点的总结加深了学生对本节课教学重点的记忆。这些都是本案例的成功之处,事实上,该案例还有一些有待改进的不足之处,表现如下:

(1)学生人数及分组情况不明,教学设计的完整性未体现出来。

(2)只是将技术内容呈现出来,没有明确提出教学技能训练任务。

(3)学生练习方式单一,只有投球、投篮两种。

3. 改进对策

本案例可以从以下几方面来改进与完善:

(1)微课教学虽然内容少,时间短,但课程结构必须是完整的,所以在教学活动设计中必须保证完整性。为达到该要求,本案例中应注明学生人数、分组情况及练习时间。

(2)微课教学必须以某一知识点或教学环节为中心对合适的教学技能进行选择,对技能训练任务明确设置。因此,本案例应从讲解或学习指导等环节对教学技能训练合理定位,将本次微课的教学技能训练任务明确下来。

(3)微课教学是对某个教学问题集中进行解决的教学活动,所以应有针对性地安排练习内容以及练习方式。本案例中,学生练习形式单一,可以增加其他练习形式,如分组互投、投篮接力等,力求新颖和提高练习效果。

参考文献

[1]孙洪涛.普通高等学校体育课程教材"十二五"普通高等教育本科国家级规划教材 大学体育教程[M].北京:人民出版社,2018.

[2]李卫东.体育课程教学模式[M].北京:高等教育出版社,2018.

[3]尹玉华,何为,徐继年.九年义务教育体育与健康课程教学指南[M].成都:电子科技大学出版社,2018.

[4]赵琼,马健勋,叶晓阳.当代体育教学管理研究[M].北京:中国纺织出版社,2017.

[5]董波.高校体育管理研究[M].西安:西安交通大学出版社,2017.

[6]杨文轩,张细谦,邓星华.学校体育学[M].北京:高等教育出版社,2016.

[7]李启迪,邵伟德.体育教学基本理论研究[M].北京:北京师范大学出版社,2014.

[8]施小菊.体育微格教学[M].厦门:厦门大学出版社,2013.

[9]陆作生.体育教学技能训练[M].北京:高等教育出版社,2016.

[10]景亚琴.信息化教学[M].北京:国防工业出版社,2014.

[11]郭亦鹏.高校教学管理信息化建设[M].长春:吉林大学出版社,2016.

[12]龚坚.现代体育教学论[M].重庆:西南师范大学出版社,2009.

[13]毛振明.体育教学论(第2版)[M].北京:高等教育出版

社,2011.

[14]毛振明.体育教学内容改革与新体育运动项目[M].北京:北京体育大学出版社,2002.

[15]龚正伟.体育教学论[M].北京:北京体育大学出版社,2008.

[16]李朝辉等.教学论[M].北京:清华大学出版社,2010.

[17]杨雪芹,刘定一.体育教学设计[M].桂林:广西师范大学出版社,2005.

[18]许文鑫.中学体育课堂有效互动的理论与实证研究[M].北京:科学出版社,2015.

[19]《简明哲学百科词典》编写组.简明哲学百科词典[M].北京:现代出版社,1990.

[20]王惠萍.教育心理学[M].北京:高等教育出版社,2011.

[21]吴志宏.多元智能理论、方法与实践[M].上海:上海教育出版社,2003.

[22]佟晓东,刘铁.体育教学设计与实践[M].沈阳:东北师范大学出版社,2009.

[23]方士娟.校园运动安全管理与教育[M].长春:吉林出版集团有限责任公司,2012.

[24]黄涛.运动损伤的治疗与康复[M].北京:北京体育大学出版社,2010.

[25]代毅,张培峰.健身理论与方法[M].成都:四川大学出版社,2010.

[26]冯德学,熊正英.体育教育教学研究方法概论[M].西安:陕西师范大学出版社,2016.

[27]李京诚,孙伟.体育合作学习的理论基础[J].首都体育学院学报,2004(03).

[28]高和荣.哈贝马斯交往行为理论的社会学探索[J].学习与探索,2004(04).

[29]党建强.师生互动理论的多学科视野[J].当代教育科

学,2005(11).

[30]汪滢.微课的内涵、特征与适用领域[J].课程·教材·教法,2014(07).

[31]刘瑞莲,屈红林.微课教学在体育专业技术类课程中的应用[J].牡丹江师范学院学报(自然科学版),2017(01).

[32]徐从体,周成成,崔杰."体育与健康课程"的微课教学设计与应用[J].赤峰学院学报(自然科学版),2017(06).

[33]王燕,朱舰,延美玲."三自主"健美操选项课模式实施效果分析——以太原科技大学为例[J].体育科技文献通报,2013(07).

[34]王燕.排球运动对大学生体适能的影响与研究[J].青少年体育,2016(12).

[35]罗京宁.试论校本体育安全管理体系的建立[J].南京体育学院学报(自然科学版),2014(06).

[36]杨硕.运动疲劳恢复机理浅述[J].现代交际,2015(10).

[37]张佳琪.运动性疲劳的测定方法及恢复措施[J].当代体育科技,2014(28).

[38]叶春山,汪乾春.运动性疲劳的有效恢复措施[J].当代体育科技,2014(27).

[39]杨波.合理补充运动营养,提高训练效果[J].中国学校体育,2011(06).

[40]武文龙.运动营养与运动员运动能力的关系分析[J].运动,2013(07).

[41]曾庆荣.论促进学生体质健康管理的对策[J].运动,2013(13).

[42]杜小安,朱斌.大学生体质健康测试后续服务管理模式与运用[J].成都体育学院学报,2010,36(08).

[43]董元卿.多轮驱动下的高校学生体质健康管理模式构建研究[J].体育研究与教育,2018,33(01).

[44]耿延敏,于芳,王腾,巫国贵.山西省大学生体质健康调

查分析[J].中北大学学报(社会科学版),2011,27(05).

[45]付奕.高校硕士研究生体质与体育锻炼的相关研究[J].中北大学学报(社会科学版),2008(03).

[46]刘成,巫国贵,王琳.中北大学实施《学生体质健康标准》结果分析[J].中北大学学报(社会科学版),2006(02).

[47]王燕,田丽娜.2014年山西省太原、大同、运城三市学生身体形态指标比较分析[J].中北大学学报(社会科学版),2017,33(01).

[48]侯元丽.课堂有效互动研究[D].上海:华东师范大学,2009.

[49]王淑英.学校体育课程体系研究[D].河北师范大学,2012.

[50]李锋.普通高校体育安全保障体系的初步构建[D].湖南大学,2011.

[51]陆湘群.上海大学生体质健康监控机制研究[D].东华大学,2013.

[52]卢锐彩.当代中国学校体育教学内容演进的研究[D].陕西师范大学,2015.